100 Tiere

Ulrich Schmid

**Heimische Arten,
die man kennen sollte**

KOSMOS

Zu diesem Buch

„100 Tiere, die man kennen sollte" bietet einen kleinen Streifzug durch die Tierwelt Mitteleuropas. Natürlich sind hundert Tiere wenig angesichts der Zehntausenden von Arten, die bei uns leben. Andererseits sind hundert Arten viel – jedenfalls mehr, als die meisten Menschen heutzutage kennen. Das Buch lädt zum Kennenlernen auffälliger und häufiger Tiere ein. Dabei geht es ein bisschen ungerecht zu: Säugetiere und Vögel stellen fast die Hälfte der vorgestellten Arten. Viele Vögel lassen sich besonders leicht beobachten. Säugetiere leben zwar meist versteckter oder sind nachtaktiv. Dennoch haben sie unser besonderes Interesse – schließlich sind wir selber welche. Zahlreiche andere Tiere, die klein und unscheinbar mehr im Verborgenen wirken, haben wir dagegen fast ganz unterschlagen.

Unter den Spinnentieren und Insekten gilt unser Augenmerk vor allem denen, die auch in Haus und Garten auffallen. Hier wird man beim Durchblättern ebenfalls auf manchen Bekannten stoßen – und beim Nachlesen dann vielleicht sogar Sympathien für die von vielen Menschen gefürchtete Kreuzspinne entwickeln oder den „ekligen" Ohrwurm in ganz neuem Licht sehen. Schließlich hilft er eifrig bei der biologischen Schädlingsbekämpfung. Und das kleine Silberfischchen, das abends unter der Fußleiste auftaucht und schlängelnd über den Küchenboden läuft, wird dann (hoffentlich) nicht mehr als ungebetener Gast zertreten, sondern als lebendiger Zeuge für ein gesundes, giftfreies Raumklima begrüßt.

Nach der Vorstellung des für die Fruchtbarkeit unserer Böden so unschätzbaren Regenwurms beenden wir die Auswahl mit einem Blick auf die Schnecken, zu denen die meisten ein sehr zwiespältiges Verhältnis haben. Zwar versucht man heute, sparsam mit dem früher so freigebig verteilten Etikett „Schädling" umzugehen; bei den Nacktschnecken aber sind auch ökologisch denkende Menschen nicht gegen Emotionen gefeit, zumindest, wenn sie versuchen, Pflanzen im Garten zu hegen...

Artenzahlen in Deutschland
(Stand 1998)

Säugetiere	100
Brutvögel	256
Reptilien	14
Amphibien	21
Süßwasserfische	70
Zweiflügler (Fliegen und Mücken)	9200
Großschmetterlinge	1450
Bienen	548
Käfer	6537
Wanzen	850
Libellen	80
Webspinnen	956

Mit diesem Buch lässt sich also lange nicht alles bestimmen, was da kreucht und fleucht. Dazu wäre eine ganze Bibliothek nötig und wir verlassen uns darauf, dass der Interessierte sich dort mit den nötigen dicken Bestimmungsbüchern versehen wird, die nun wirklich alle Vögel, sämtliche Säugetiere oder unsere heimischen Lurche und Kriechtiere abbilden. Problematischer wird es allerdings bei den wirbellosen Tieren. Während man für bunte und große Flieger wie Schmetterlinge und Libellen noch fündig wird, muss man sich durch endlose, trockene Tabellen

Spatzen kennt jeder – zumindest dem Namen nach. In Stadt und Dorf gehören sie zu den häufigsten Vogelarten.

schwieriger Merkmale durchackern, um eine Fliege, einen Tausendfüßer oder einen Wurm sicher zu identifizieren. Aber auch auf diesem steinigen Weg kommt man zum Ziel!

Mit diesem Buch funktioniert die Tierbestimmung einfacher. Fünf Leitfarben kennzeichnen die einzelnen Tiergruppen und erlauben eine erste Orientierung. Wie Sie sich in diesem Buch zurecht finden, zeigt Ihnen das Inhaltsverzeichnis auf der vorigen Seite.

Was die Artenzahl angeht, sind die Insekten die Herrscher der Erde. Ihre Vielfalt erschließt sich im Kleinen. Die Libelle gehört schon zu den Riesen unter den Insekten.

Heimische Tierwelt – verborgene Vielfalt

Einsam kreist ein Bussard am Himmel. Gelegentlich hoppelt ein Hase des Weges. Im Tümpel quakt leise der Frosch. In Wald und Flur trifft man immer wieder auf solche vertrauten Bekannten – aber auch auf viel Neues, Unerwartetes. Wer ein bisschen genauer hinsieht, bemerkt, dass die heimische Vielfalt eine heimliche Vielfalt ist. Die Tierarten, die uns alltäglich begegnen und die wir ohne Probleme erkennen können, Vögel und Säugetiere zumeist, sind in der Minderzahl. 100 Arten von Säugetieren sind aus Deutschland bekannt. Ihnen stehen allein über 6500 verschiedene Käfer gegenüber, um nur ein besonders eindrückliches Beispiel zu nennen. „Gott muss Käfer sehr geliebt haben", lautet ein bekanntes Bonmot eines berühmten amerikanischen Zoologen.

Natürlich gibt es auch noch Kenntnislücken und viele Lebensräume sind kaum erforscht. Noch immer werden neue Arten entdeckt, meist sind es Insekten. Schließlich sind sie, gemessen an ihrer Vielfalt, ihrer Arten- und Individuenzahl, die wahren Herrscher der Erde.

Die Tierwelt eines Gebietes ändert sich zudem ständig. Elch und Wisent, Wolf und Bär, Schlangenadler und Stör sind in Deutschland längst verschwunden, der einst heimische Auerochse weltweit vollständig ausgerottet. Weniger spektakulär, aber nicht weniger tragisch ist der Rückgang vieler Insekten. Auf der anderen Seite aber gibt es auch Zuwachs. Die Türkentaube (S. 41) etwa hat ihr Verbreitungsgebiet im Lauf weniger Jahrzehnte aus unbekannten Gründen über fast ganz Europa ausgedehnt. Ein ähnliches Beispiel bietet die Rosskastanien-Miniermotte, die sogar noch wesentlich schneller vordringt. Oft genug hilft auch der Mensch nach. Spatzen (S. 60), Stare (S. 61) und Wanderratten (S. 21) sind als frühe Nutznießer der Globalisierung inzwischen fast weltweit verbreitet. Der Kartoffelkäfer (S. 103) folgte seiner Lieblingsnahrung, der Kartof-

Herbst schon im Sommer?

Mitten im August steht die Rosskastanie mit braunen Blättern da. Wassermangel? Umweltschäden? Nein, der Schuldige ist ein winziger, nur 5 mm großer Schmetterling. Erst im Jahr 1984 wurde die Rosskastanien-Miniermotte (*Cameraria ohridella*) von Wissenschaftlern am fernen Ohridsee in Makedonien entdeckt. Ihre kleinen weißen Schmetterlingsraupen fressen die Blätter innerlich aus. Kleine Ursache – große Wirkung: Bis zu drei Generationen fliegen im Jahr, so dass sich sehr schnell große Bestände aufbauen können. 1989 hatte der Falter Österreich erreicht, 1993 bereits Deutschland, wo er inzwischen schon fast allgegenwärtig ist.

Es war einmal ... Nur noch im Märchen zieht der Braunbär durch unsere Wälder. In Deutschland ist Meister Petz wie andere große „Raubtiere" seit langem ausgerottet.

fel, von Amerika über den Atlantik und wurde trotz heftiger, aber letztlich vergeblicher Abwehr in Europa heimisch.

Beobachtungszeit

Viele Tiere können das ganze Jahr über gesehen werden. Die meisten Säugetiere legen sich im Winter lediglich einen dickeren Pelz zu und vermeiden unnötige Bewegungen. Manche halten allerdings Winterschlaf, um Energie zu sparen.

Für Vögel sind größere Ortswechsel kein Problem. Zugvögel ziehen im Winter in den Süden und Kurzstreckenzieher überwintern im Mittelmeergebiet, während Standvögel wie die Kohlmeise (S. 49) das ganze Jahr bei uns bleiben.

Reptilien und Amphibien verschwinden im Winter in ihren Verstecken. Auch die meisten Schnecken, Spinnentiere und Insekten lassen sich am besten im Sommerhalbjahr beobachten.

Auffällig, aber selten: Der imposante Hirschkäfer ist der größte der vielen tausend einheimischen Käferarten.

Lebensräume

Tiere stellen bestimmte Ansprüche an ihre Umwelt. Ohne Wasser keine Ente, ohne Baum kein Specht. Manche mögen's heiß: Zauneidechsen (S. 64) genießen besonders gerne die wärmende Morgensonne, die sie erst auf Betriebstemperatur bringt. Ganz anders der Feuersalamander (S. 68), der am liebsten im Regen ausgeht und die feuchte Kühle der Nacht schätzt.

Wald

Wälder gehören meist zu den naturnäheren Lebensräumen. Aber Wald ist nicht gleich Wald. Zwischen einem aus lauter gleichaltrigen Stangen bestehenden trostlosen „Fichtenacker" und einem Laub- oder Mischwald mit verschieden alten Bäumen liegen Welten. Besonders wertvoll sind uralte Bäume. Wenn schon einzelne Äste absterben, Höhlen ausfaulen und an manchen Stellen die Rinde abplatzt, siedeln sich ungewöhnlich artenreiche Lebensgemeinschaften an. Fledermäuse (S. 13), Siebenschläfer (S. 17), Waldmäuse (S. 20) und verschiedene höhlenbrütende Vogelarten ziehen ein und die Zahl der Insektenarten geht in die Hunderte.

Gewässer

Nicht nur bei Freizeitsportlern und Badenixen ist Wasser höchst begehrt. Auch die Zahl der Tiere, die an oder in Gewässern leben, ist groß. Faszinierend ist schon die Vielfalt im Kleinen. Ein Becher voll Teichwasser unter die Lupe genommen: ein Blick ins pralle Leben. Auch mancher Landbewohner hat seine Kinderstube im Wasser, sei es nun Libelle (S. 91, 92) oder Erdkröte (S. 69).

Feld und Flur

Seit Jahrtausenden bereichert die Landwirtschaft unsere Kulturlandschaft. Hier leben viele Tierarten, die sich in offenem Gelände wohl fühlen. Inzwischen ist die Landwirtschaft zum Sorgenkind des Naturschutzes geworden. Immer größe-

Abwechslungsreiche Landschaften

Im Allgemeinen gilt: Je spezialisierter ein Tier ist, je enger eine Art an einen bestimmten Lebensraum gebunden ist, desto seltener ist sie. Heute sind Moore entwässert, Feuchtgebiete trocken gelegt und Wiesen durch starke Düngung in reine Grasproduktionsstätten verwandelt. In einer durch uns Menschen immer gleichförmiger gestalteten Umwelt leben immer weniger Tiere. Zwar gibt es auch Arten wie die Wanderratten (S. 21), die davon profitieren. Solche unspezialisierten Alleskönner haben in Zeiten raschen Wandels Vorteile. Unter dem Strich gilt aber: Je abwechslungsreicher die Landschaft, desto vielfältiger die Tierwelt.

re Felder, immer weniger Hecken, asphaltierte Feldwege, starke Düngung und schwere Maschinen lassen kaum mehr Nischen für Pflanze und Tier. Einstmals häufige Tiere wie Rebhuhn oder Feldlerche sind selten geworden. Der Feldhase (S. 14) hoppelt überall auf die Roten Listen der gefährdeten Tierarten.

Siedlungen

Tauben (S. 41), Spatzen (S. 60) und Mauersegler (S. 42) sind die typischen

Wasser ist Leben. Selbst kleine Tümpel wimmeln von Tieren – wenn sie vom Freizeitbetrieb verschont bleiben.

Tiere unserer Städte. Aber darüber hinaus beherbergen selbst Großstädte eine erstaunliche Vielfalt und manche Biologen bezeichnen sie schon als „heimliche Naturschutzgebiete". Dabei sind es neben den großen Stadtparks und Gärten vor allem die Schmuddelecken, die Schotterflächen alter Gleisanlagen etwa, die Lebensräume auch für selten gewordene Arten bieten.

Baumruinen machen Wälder wertvoll. Absterbendes Holz bietet Unterschlupf und Nahrung für zahllose Tiere.

Säugetiere

Säugetiere lassen sich ganz einfach erkennen: Fast alle haben ein Fell, ein wirksamer Schutz gegen Kälte. Regelmäßiger Haarwechsel sorgt immer für die richtige „Kleidung". Das dünne Sommerfell kann sich auch farblich vom dichten Winterfell unterscheiden. Rehe und Rothirsche beispielsweise sind im Sommer rotbraun, im Winter grau. Säugetiere sind gar nicht so einfach zu beobachten. Ein hervorragender Geruchssinn und ein gutes Gehör melden ihnen einen nahenden Menschen schon lange, bevor wir selbst etwas gesehen haben. Außerdem sind viele Arten überwiegend nachts unterwegs. Wenn uns die meisten einheimischen Säugetiere auch aus dem Weg gehen – unsere Siedlungen meiden durchaus nicht alle. Im Gegenteil: Steinmarder und Siebenschläfer, Igel und Fledermaus sind in Dörfern und Vorstädten nicht selten. Anderen begegnet man dagegen nur noch dort, wo sich „Fuchs und Hase gute Nacht sagen", weitab von Städten und Straßen also. Fast oder ganz verschwunden sind, nach Jahrhunderten der Verfolgung, die großen Jäger: Bär, Wolf und Luchs.

Igel
Erinaceus europaeus

- Insektenfresser
- KR bis 35 cm
- G 400 – 1900 g

Merkmale
Oberseits völlig mit Stacheln bedeckt, unterseits behaart; dunkle Knopfaugen, kleine Ohren, spitze Schnauze und plumper, kurzbeiniger Körper; Färbung sehr unterschiedlich.

Lautstarker Einzelgänger mit 6000 Stacheln

In der Dämmerung streift der Igel laut schnaufend und schmatzend durch sein Revier. Er kann sich's leisten, Lärm zu machen: Wenn es brenzlig wird, rollt er sich blitzschnell ein. Kopf und Unterseite liegen dann gut geschützt in der Stachelkugel.

Igel sind Winterschläfer. Im Spätherbst ziehen sie sich unter Holzstöße oder Reisighaufen zurück. Winterschlaf ist Energiesparschlaf: Bei einer stark abgesenkten Körpertemperatur, zwei Herzschlägen und einem Atemzug pro Minute zehren die Igel mehrere Monate von ihren Fettvorräten. Im Frühjahr erscheinen sie abgemagert und hungrig. Insekten und Spinnen, Regenwürmer, Schnecken, Vogeleier, Aas oder Kompostabfälle stehen auf dem Speisezettel. Wenig später beginnt die Paarungszeit. Nur dann sucht der streitsüchtige Einzelgänger Kontakt. Frisch geborene Igel haben kurze weiche Stacheln und verlassen erst nach drei bis vier Wochen mit ihrer Mutter das Nest. Wenn sie keinem Auto zum Opfer fallen, gegen das ihr Überlebensrezept des Einkugelns nichts nützt, können sie acht bis zehn Jahre alt werden.

Grabschaufel und Spürnase: Perfekte Anpassungen an die Unterwelt

Hoch- und Tiefbau sind die Spezialitäten des Maulwurfs. Beim Anlegen der unterirdischen Tunnel und Kammern fällt viel Aushub an, der teilweise an der Gangwand festgedrückt wird, teilweise aber auch nach außen befördert wird. So entstehen die berühmt-berüchtigten Maulwurfshaufen.

Maulwurf
Talpa europaea

Der **Maulwurf** ist fast ständig in seinem Tunnelsystem unterwegs, das meist etwa einen Meter unter die Erdoberfläche reicht. Regenwürmer und Insektenlarven, die seinen Weg kreuzen, werden entweder gleich gefressen oder fluchtunfähig gemacht und in einer unterirdischen Speisekammer aufbewahrt. Maulwürfe sind Vielfraße: Sie verspeisen jeden Tag soviel, wie sie selbst wiegen. Zentrum des Baues ist die Wohnkammer, in die viele Gänge münden. Etwas abseits befindet sich das mit Pflanzenmaterial gepolsterte Nest, in dem das Weibchen die Jungen zur Welt bringt. Übrigens zeigt der Maulwurf nicht nur im Körperbau Anpassungen an sein unterirdisches Dasein: Da Sauerstoff in den schlecht belüfteten Gängen oft knapp ist, hat er besonders viel roten Blutfarbstoff, der das lebenswichtige Gas aufnimmt.

▸ **Insektenfresser**
▸ KR 11 – 17 cm
▸ G 60 – 120 g

Merkmale
Walzenförmiger Körper mit samtschwarzem Fell; Grabschaufeln mit kräftigen Krallen; winzige Augen, keine Ohrmuscheln, lange Tasthaare um die spitze Schnauze.

Hausspitzmaus
Crocidura russula

- Insektenfresser
- KR 6 – 9 cm
- G 6 – 14 g

Merkmale
Spitze und sehr bewegliche Schnauze mit langen Tasthaaren, winzige Augen, kleine Ohren; kurzes, graubraunes Fell, unterseits heller.

Sehr gefräßig und immer in Bewegung

Spitzmäuse sind zwar spitz – ihr Name spielt auf die rüsselartig verlängerte Schnauze an –, aber keine Mäuse. Anders als diese Nagetiere gehören sie zu den Insektenfressern. Ein Blick in ihr Maul zeigt ein gefährlich aussehendes Gebiss mit zahlreichen nadelspitzen Zähnen.

Die **Hausspitzmaus** erbeutet damit fast alles, was sie noch überwältigen kann. Ihr hoher Stoffwechsel zwingt sie zu rastloser Nahrungssuche. Meist ist sie nachts unterwegs; nicht selten hört man dann in Gärten oder Feldern ihre schrill zwitschernden Schreie. Im Winter dringt sie aber auch in Gebäude ein. Spitzmäuse leben nur etwa eineinhalb Jahre, falls nicht vorher eine Eule ihrem Leben ein Ende setzt. Auch Katzen erbeuten oft Spitzmäuse, fressen sie wegen ihres unangenehmen Geruchs aber selten. Eine hohe Fruchtbarkeit sorgt für reichlich Nachwuchs: mehrere Würfe mit bis zu elf Jungen, die selbst wieder mit wenigen Monaten geschlechtsreif sind. Fühlen sich Hausspitzmäuse im Nest gestört, ziehen sie um. Eine lange Karawane halbwüchsiger Kinder folgt dann der Mutter, jedes neben der Schwanzwurzel im Fell des Vordermanns verbissen.

Fledermäuse sind nur nachts unterwegs? Es gibt eine Ausnahme!
Wenn an warmen Nachmittagen im Frühherbst hoch in der Luft die Schwalben Insekten fangen, lohnt ein zweiter Blick. Nicht selten wird man unter den Vögeln Fledermäuse entdecken, die durch ihren flatternden Flug und abrupte Richtungswechsel auf sich aufmerksam machen.

Abendsegler
Nyctalus noctula

Der **Abendsegler** ist eine der wenigen Fledermausarten, die im Hellen fliegen. Schon vor Sonnenuntergang verlassen die geselligen Flattermänner Dachstühle und Baumhöhlen, um zu jagen. Sie fliegen dabei oft sehr hoch. Manchmal verraten sie sich durch ihre hohen, fast schmerzhaft lauten Kontaktrufe. Die Ultraschall-Laute, mit denen sie Beute (Käfer und andere Insekten) orten, sind dagegen für das menschliche Ohr unhörbar. Abendsegler gehören mit bis zu 40 cm Spannweite zu den größten Fledermäusen Europas. Sie überwintern dicht zusammengedrängt in großen Höhlen dicker alter Bäume oder in Gebäuden. Bis zu 200 Tiere kuscheln sich im Energie sparenden Winterschlaf dicht aneinander. Zum Kinder kriegen können sich sogar noch mehr Abendsegler in „Wochenstuben" zusammenfinden.

- Fledermäuse
- KR 6 – 8 cm
- G 20 – 40 g

Merkmale
Groß; Flügel lang und schmal, Flughäute und die kurzen, abgerundeten Ohren schwärzlichbraun, Fell rötlichbraun.

Vorsicht und Spurtstärke sind die Lebensversicherung des Feldhasen

Kaum ein Tier ist so volkstümlich wie er. Als Osterhase ist er ebenso populär wie der Weihnachtsmann. Zahlreiche seiner Eigenschaften sind sprichwörtlich: Als Angsthase, Hasenherz oder Hasenfuß verspotten wir (über)vorsichtige Zeitgenossen.

Feldhase
Lepus europaeus

▸ Hasentiere
▸ KR 49 – 67 cm
▸ G 3 – 6 kg

Merkmale
Gelblichgrau mit weißem Bauch; Augen groß, Ohren sehr lang, mit schwarzer Spitze; sehr lange Hinterbeine; Schwanz kurz, oben schwarz, unten weiß.

Der **Feldhase** drückt sich, die Ohren dicht angelegt, in seine Sasse. Mit den weit geöffneten Augen hat er einen vollkommenen Rundumblick. Der Herzschlag sinkt ab, von 120 auf 60 Schläge pro Minute. Erst als der ahnungslos vorbeischnürende Fuchs zu nahe kommt, „explodiert" der Hase: Blitzartig steigt sein Puls auf 180, er schnellt hoch und erreicht sofort seine Höchstgeschwindigkeit von 80 km/h. Haken schlagend verschwindet der ausdauernde Langstreckenläufer hinter dem nächsten Gebüsch. Der völlig verblüffte Fuchs hat das Nachsehen... Für einen wehrlosen Pflanzenfresser, der ganzjährig auf offenem Feld lebt, ist „Mut" fehl am Platz. Dagegen erweist sich die „Angsthasen-Strategie" oft als lebensrettend. Hilflos stehen die Hasen aber der zunehmenden Ausräumung und Verarmung der Feldflur gegenüber.

Wildkaninchen
Oryctolagus cuniculus

▸ Hasentiere
▸ KR 35 – 45 cm
▸ G 1,3 – 2,2 kg

Merkmale
Grau bis gräulichbraun, Bauch heller; „Hasenfigur" mit relativ kurzen Hinterbeinen; Kopf rundlich, Ohren kurz, ohne schwarze Spitzen.

Kaninchens Freunde und Verwandte – der soziale Verwandte des Hasen

Der Stallhase, häufig als Haustier und Spielkamerad gehalten, ist in Wirklichkeit ein Kaninchen. Vom niedlichen Zwerg-„hasen" bis zum Belgischen Riesen – sie alle stammen vom Kaninchen ab, das auch in seiner Wildform einen Siegeszug über die halbe Erde angetreten hat.

Wildkaninchen sind spanischer Herkunft. Schon die Römer sorgten aber für eine weite Verbreitung der schmackhaften und leicht zu haltenden Tiere. In freier Wildbahn gibt es spätestens seit dem Mittelalter fast in ganz Europa Kaninchen, die teils auf Ausbrecher, teils auf absichtlich ausgesetzte Bestände zurückgehen. Im Gefolge des Menschen erreichten die Hasentiere später selbst Südamerika und Australien. Überall bevorzugen Kaninchen warme und trockene Gebiete mit leichten Böden. Hier lässt sich leichter buddeln. Die sehr geselligen Tiere wohnen nämlich in selbst gegrabenen Höhlensystemen, in die sie auch flüchten, wenn Gefahr droht. Als Kurzstreckenläufer entfernen sie sich kaum weiter als 200 m vom Bau. Dort bekommen sie auch ihre Jungen, pro Jahr oft vier bis sechs Würfe mit je fünf bis zwölf nackten und blinden, hilflosen Nesthockern.

Sieben Monate Winterschlaf, den Rest des Jahres um so lebendiger

Mancher fühlt sich von Poltergeistern verfolgt oder von Einbrechern heimgesucht, wenn es zur Geisterstunde in milden Mai- oder Juninächten auf der Bühne klappert und stöhnt. Siebenschläfer können während der Paarungszeit einen erschreckenden Radau veranstalten.

Siebenschläfer
Glis glis

▸ Nagetiere
▸ KR 14 – 20 cm
▸ G 80 – 230 g

Merkmale
„Eichhörnchen-Figur", aber viel kleiner; langer, buschiger Schwanz; silbergrau mit weißer Unterseite und dunklem Augenring; Augen groß, Ohren klein.

Siebenschläfer gehören zu den Bilchen, einer Gruppe überwiegend nachtaktiver Nagetiere. Sie kommen heute nicht mehr nur in alten höhlenreichen Laubwäldern vor. Nistkästen, Gartenschuppen, Speisekammern und Speicher sind beliebte Ausweichquartiere. Ihr Name ist berechtigt: Sieben Monate kann ihr Winterschlaf dauern. Ausgelöst durch die kürzer werdenden Tage fressen sich die Siebenschläfer im Herbst fett, bekommen ihr Winterkleid und legen sich, zu einer dicken Pelzkugel eingerollt, in einer frostsicheren Erdhöhle schlafen. Die Körpertemperatur sinkt auf wenige Grad, die Atmung auf ein bis drei Züge pro Minute. Gelebt wird von der Substanz: Im Frühjahr erwacht der Bilch um ein Viertel bis die Hälfte leichter.

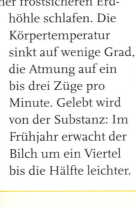

Eichhörnchen
Sciurus vulgaris

▸ Nagetiere
▸ KR 20 – 30 cm
▸ G 200 – 500 g

Merkmale
Fellfärbung von hell rotbraun bis fast schwarz; Bauch hell; langer buschiger Schwanz; kurze Beine mit spitzen Krallen; Ohren im Winter mit auffälligen Haarbüscheln.

Kletterkünstler in Rot, Braun und Schwarz

Kein Stadtpark ohne Eichhörnchen. Zwar stammen die kletternden Nagetiere aus dem Wald, in der Nähe des Menschen führen sie aber ein sorgloseres Leben als dort. Viele ihrer Feinde, allen voran Habicht und Baummarder, meiden unsere Nähe.

Da **Eichhörnchen** nicht sehr wählerisch sind, werden sie in Siedlungen auch satt. Oft sorgen Tierfreunde für (meist gar nicht nötiges) Zusatzfutter. Notfalls plündern die Nager auch mal Vogelfutterhäuser. Im Wald fressen sie Baumsamen, Beeren, Pilze und Insekten. Gelegentlich wird auch ein Vogelnest geräumt. Den nötigen Wintervorrat stellen Buchen und Eichen. Im Herbst legt das Eichhörnchen an vielen Stellen Vorratslager an. Den größten Teil des Winters verbringt es in seinem hoch in Bäumen aus Zweigen gebauten Kugelnest (Kobel). Dort kommen im Frühjahr auch die Jungen zur Welt. Eichhörnchen klettern mit Hilfe ihrer spitzen Krallen ganz hervorragend, selbst kopfunter. Der Schwanz ist eine wichtige „Balancierstange". Bei weiten Sprüngen von Baum zu Baum hilft er auch steuernd bei Flug und Landung.

Kinderreiche Familien am Anfang vieler Nahrungsketten

Für die einen sind sie gefürchtete Landwirtschafts-Schädlinge, für die anderen kann es gar nicht genug geben: Feldmäuse sind die Lieblingsnahrung vieler heimischer Beutegreifer. Wiesel und Füchse, Mäusebussarde und Eulen jagen sie.

Feldmaus
Microtus arvalis

- Nagetiere
- KR 9 – 12 cm
- G 15 – 40 g

Merkmale
Körper plump, Augen und Ohren relativ klein; Schwanz kurz; Oberseite gelbgrau, Unterseite heller, Jungtiere grauer.

Ob **Feldmäuse** in Hülle und Fülle vorhanden oder knapp sind, hat direkten Einfluss auf ihre Liebhaber. Schleiereulen etwa brüten in „guten" Mäusejahren am laufenden Band, während in schlechten der Nachwuchs ganz ausbleiben kann. Feldmaus-Kolonien leben überwiegend unter der Erde. Sie legen Gangsysteme an, deren Ausgänge auch oberirdisch durch Mäusepfade verbunden sind. Die Vermehrungsfähigkeit der Feldmaus ist legendär: ganzjährige Fortpflanzung, drei Wochen Tragzeit, vier bis zwölf Junge, die mit kaum drei Wochen ihrerseits selbstständig und geschlechtsreif sind... Kein Wunder, dass es bald von Feldmäusen wimmelt! Die Überbevölkerung führt dann allerdings zu Stress und Nahrungsknappheit, so dass der Bestand zusammenbricht. Meist dauert es dann 3 – 4 Jahre bis zum nächsten Bevölkerungsgipfel.

Waldmaus
Apodemus sylvaticus

- Nagetiere
- KR 8 – 11 cm
- G 15 – 35 g

Merkmale
Körper schlank; Augen und Ohren groß; Schwanz sehr lang; oberseits gelblich braun, unten weißlich gefärbt, Jungtiere grauer.

Große Augen und Ohren verraten das Nachttier

Nur selten begegnet man einer Waldmaus am helllichten Tag. Sie ist hauptsächlich in der Dämmerung oder nachts unterwegs, kommt dann aber nicht nur, wie der Name andeutet, in Feld und Wald vor, sondern auch in Siedlungen, ja sogar in Häusern.

Die **Waldmaus** unterscheidet sich von der eigentlichen Hausmaus schon farblich. Letztere ist nämlich hierzulande, auch unterseits, die sprichwörtliche „graue Maus", während die Waldmaus ein braunes Pelzchen trägt, das mit dem hellen Bauch kontrastiert. Normalerweise haust die Waldmaus aber im Freien. Ihr unterirdischer Bau hat meist zwei Eingänge. Neben dem Nest liegt die Vorratskammer. Gras- und Kräutersamen, Beeren und Obst stehen auf dem Speisezettel. Waldmäuse klettern hervorragend. Nicht selten findet man ihre Nester sogar in Vogelkästen. Auch am Boden ist die Maus sehr flink. Wenn es ganz schnell gehen muss, kann sie wie ein Känguru auf den Hinterbeinen hüpfen. Notfalls, wenn ein Beutegreifer sie schon am Schwanz festhält, reißt die Schwanzhaut einfach ab.

Vielen gelten sie als Trittbrettfahrer der Zivilisation

Ursprünglich nur in den Steppen Innerasiens lebend, sind Wanderratten heute weltweit verbreitet. In Mitteleuropa ist ihr Vorkommen seit etwa 250 Jahren sicher belegt. Wenig später waren sie per Schiff schon in Amerika eingewandert.

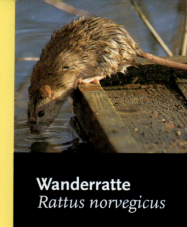

Wanderratte
Rattus norvegicus

- Nagetiere
- KR 18 – 28 cm
- G 140 – 500 g

Merkmale
Mäusegestalt, aber sehr groß; graubraun mit hellerer Unterseite; langer nackter Schwanz.

Die **Wanderratte** bewohnt in freier Wildbahn Erdbaue, außerdem schätzt sie die Nähe von Wasser. So wundert ihre Vorliebe für den feuchten Untergrund nicht: Alte Keller, Kanäle, Ställe und Müllhalden sind oft Rattenparadiese. Ein Schlüssel für ihren Erfolg liegt in ihrer „Spezialisierung auf Nichtspezialisiertsein", ein anderer in ihrem Sozialleben. Ein Rattenrudel besteht aus oft etwa 50 eng verwandten Tieren, die sich am Geruch erkennen. Sie halten eng zusammen, verteidigen ihr Revier gegen andere und ziehen sogar die Jungen gemeinsam auf. Soviel Einigkeit macht stark. Durch Verfolgung, bessere Hygiene und andere Bauweise (Beton statt Holz) selten geworden ist dagegen die kleinere, schwarzgraue **Hausratte**, früher als Brutstation für Pest übertragende Flöhe gefürchtet.

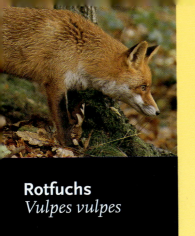

Fuchs, du hast die Gans gestohlen?
Mäuse sind seine Hauptbeute

Die Rolle als schlauer Bösewicht ist dem Rotfuchs schon seit alters auf den Leib geschrieben. Ob in den Fabeln der Antike oder bei Goethes Reineke Fuchs: „Er ist ein Dieb, ein Mörder!"

Rotfuchs
Vulpes vulpes

- Raubtiere
- KR 60 – 90 cm
- G 6 – 10 kg

Merkmale
Kurzbeinige Hundegestalt; rotbraunes, im Winter sehr dichtes Fell, heller Bauch; spitzes Gesicht mit großen Ohren; langer, buschiger Schwanz, oft mit weißer Spitze.

Der **Rotfuchs**, seit der weitgehenden Ausrottung von Bär, Wolf und Luchs über weite Bereiche Europas der einzige größere Beutegreifer, geriet ebenfalls ins Visier der Jäger. Wie allen „Raubtieren" gönnte man ihm seine Beute nicht – selbst wenn die, wie im Falle des Rotfuchses, hauptsächlich aus Mäusen besteht. Auch galt es, den wichtigsten Überträger der Tollwut auszuschalten. Alle Versuche scheiterten letztlich an der sprichwörtlichen „Frechheit" des Fuchses, der einerseits sehr vorsichtig ist, andererseits überaus anpassungsfähig sehr viele verschiedene Lebensräume und Nahrungsquellen nutzen kann. Selbst mitten in Großstädten leben inzwischen Füchse. Statt im idyllisch gelegenen Fuchsbau am Waldrand verbringen sie die Ruhezeit an Bahndämmen und in einsamen Friedhofswinkeln.

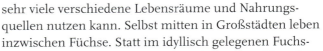

Zentrum seines Lebens ist die Burg im Wald

Bis zu 30 Meter Durchmesser, zahlreiche Eingänge, ein Gewirr von Gängen und Aufenthaltsräumen, Kessel genannt, in mehreren Etagen können die teilweise jahrzehntelang von vielen Generationen benutzten Dachsburgen haben.

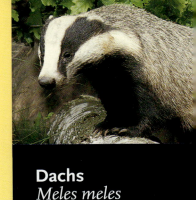

Dachs
Meles meles

▸ Raubtiere
▸ KR 60 – 90 cm
▸ G 6 – 15 kg

Merkmale
Gestalt sehr plump und kurzbeinig; auffällige schwarzweiße Streifenzeichnung am Kopf; Oberseite und Flanken silbergrau, Bauch und Beine dunkler.

Der **Dachs** verlässt seinen Bau gewöhnlich erst bei Dunkelheit. Vom Geruchssinn geleitet – das kleine Auge ist wenig leistungsfähig – geht er auf Nahrungssuche. Dachse sind nicht wählerisch. Mäuse, am Boden brütende Vögel, Frösche, Schnecken, Regenwürmer, Insekten, Obst, Nüsse, Wurzeln: Alles wird gefressen. Bis zum Herbst wird das Gewicht nahezu verdoppelt. Bis zu 25 kg schwer sind die Dachse jetzt, Fettreserven für die Zeit der Winterruhe. In kalten Regionen verlassen sie den Bau, den sie oft mit mehreren Artgenossen teilen, monatelang nicht. Während die erwachsenen Dachse einen eher behäbigen Eindruck machen, passt das Etikett „Frechdachs" auf die jungen: Sie veranstalten ebensolche Balgereien und Jagdspiele wie alle Marderkinder.

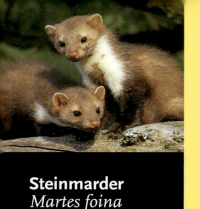

Steinmarder
Martes foina

- Raubtiere
- KR 40 – 53 cm
- G 1100 – 2400 g

Merkmale
Schlank und wendig; Beine kurz, Schwanz buschig; braun mit durchschimmernder hellgrauer Unterwolle; weißer Kehlfleck, am unteren Rand gegabelt; Nase rosa.

Nicht nur Feld und Flur, sondern auch Dörfer und Städte sind Marder-Revier

Selbst mitten in der City ist der Steinmarder unterwegs. Seine erstaunliche Anpassungsfähigkeit hat dem Steinmarder allerdings nicht nur Freunde gemacht. Früher war er als Hühnermörder verschrien, heute vergreift er sich an des Deutschen liebstem Kind, seinem Auto.

Haus- oder **Steinmarder** steigen vor allem in kühlen Nächten auf die gemütlich warmen Motorblöcke. Schaden verursachen sie dort weniger aus Zerstörungswut, sondern weil Marder ihre Umgebung eben nagend und beißend prüfen. Außerdem bleiben sie zeitlebens neugierige „Spielkinder", die alles und jedes untersuchen müssen. Abhilfe bieten zum Beispiel für Mardernasen unangenehme Gerüche. Steinmarder sind, der Name deutet es an, oft in felsigem Gelände anzutreffen und finden sich vermutlich deshalb an und in Gebäuden so gut zurecht. Ihr Tagesunterschlupf liegt meist auf Dachböden, in Lagerhallen und Schuppen. In Dämmerung und Dunkelheit gehen sie auf Jagd. Als typische Opportunisten verschmähen sie fast nichts Fressbares vom Amselei bis zum Aas, vom Pilz bis zur Kirsche.

„Saudumm" sind Wildschweine nicht – ganz im Gegenteil!

Die wilden Vorfahren der „armen Schweine", die in Dunkelställen vor sich hinvegetieren, um möglichst schnell fett zu werden, gelten als äußerst pfiffig. Die Jagd auf Schwarzkittel ist schwierig, weil sie die Deckung erst verlassen, wenn sie sich völlig sicher fühlen.

Wildschwein
Sus scrofa

▸ Paarhufer
▸ KR 90 – 160 cm
▸ G 35 – 190 kg

Merkmale
Groß, hochbeinig und schmal; mächtiger Kopf mit kräftigen Eckzähnen und beweglichem Rüssel; schwarzbrauner borstiger Pelz; Junge (Frischlinge) mit Längsstreifen.

Wildschweine gehören nicht zuletzt deshalb in vielen Wäldern zu den häufigsten Großtieren. Von ihnen selbst ist dabei meist wenig zu sehen. Um so auffälliger sind ihre Spuren. Wenn sie den Kartoffelacker kurz vor der Ernte plündern oder Wiesen auf der Suche nach Regenwürmern völlig umbrechen, können sie erheblichen wirtschaftlichen Schaden anrichten. Im Wald sind es vor allem die Suhlen, die uns die Anwesenheit der Schwarzkittel verraten. Hier nehmen sie ihre Schlammbäder und kühlen sich an heißen Tagen. Angst vor den wilden Schweinen ist meist unbegründet. Die mächtigen Keiler (Foto oben) nutzen ihre gefährlich scharfen Hauer zum Rivalenkampf. Lediglich Frischlinge führende Muttersauen greifen zur Verteidigung manchmal sogar Menschen an.

Rothirsch
Cervus elaphus

- Paarhufer
- KR 180 – 250 cm
- G 70 – 300 kg

Merkmale
Groß, schlank, hochbeinig; kleiner Schwanzwedel; im Sommer rotbraun („Rothirsch"), Winterfell graubraun; Männchen (meist) mit Geweih, Weibchen geweihlos.

Der König der Wälder, die größte heimische Wildart

Seine Kraft, Schnelligkeit und Eleganz machen die Begegnung mit dem Rothirsch in freier Wildbahn zu einem Erlebnis. Höhepunkt ist die herbstliche Hirschbrunft, bei der die um die Weibchen rivalisierenden Hirsche ihre Auseinandersetzungen mit lautem Röhren beginnen.

Der **Rothirsch** verteidigt „seine" Weibchen gegen alle Nebenbuhler. Die imposanten Geweihe ineinander verhakt, versuchen die Kämpfer, sich wegzudrücken – eine klassische Kraftprobe mit nur geringer Verletzungsgefahr. Tag und Nacht muss der Platzhirsch auf der Hut sein, damit ihm keiner die Frauen ausspannt. Selbst für die Nahrungssuche bleibt kaum Zeit. Das halten nur Hirsche in den besten Jahren durch. Weder junge noch ältere Tiere haben Fortpflanzungs-Chancen. Mit der Paarungszeit endet auch die Rivalität der männlichen Hirsche; sie schließen sich zu Rudeln zusammen. Das alte Geweih fällt ab, wenig später wächst ein neues. Probleme mit (zu vielen) Hirschen entstehen durch das Fehlen natürlicher Feinde, vor allem des Wolfs, und die manchmal seltsame Blüten treibenden Jagd- und Hegebräuche.

Anspruchsvolle Feinschmecker mit Vorliebe für feine Kräuter

Rehe fressen nicht wahllos alles, was grün ist, sondern suchen sorgfältig aus. Die Kitze lernen von ihren Müttern, welches Kräutlein schmeckt und welches sie lieber meiden. Im Winter wird hochwertige Nahrung allerdings oft knapp.

Reh
Capreolus capreolus

- Paarhufer
- KR 100 – 140 cm
- G 15 – 30 kg

Merkmale
Mittelgroß, grazil und schlank; Sommerfell rotbraun, Winterfell graubraun; kein Schwanz, aber auffallend weißer „Spiegel"; Böcke meist mit kleinem Geweih, Weibchen geweihlos.

Rehe steigen dann auf Knospen und Rinde um. Wo viele Rehe leben, gedeiht Jungwald nur noch hinter Gittern. Ihre große Anpassungsfähigkeit hat dazu geführt, dass Rehe nicht nur im lichten Wald (ihrer eigentlichen Heimat), sondern selbst in der baumlosen Feldflur häufig geworden sind. Dort bilden sie teils richtige Herden, während sie sonst eher Einzelgänger sind. Das zum Schutz gegen Feinde weißfleckige und noch geruchslose Kitz („Bambi") wird in dichter Vegetation abgelegt und nur zum Säugen und Säubern aufgesucht. Erst später folgt es der Mutter und bleibt bis zum nächsten Frühjahr bei ihr. Rehe paaren sich schon im Juli/August. Der befruchtete Keim entwickelt sich aber erst ab Dezember. Dadurch wird die Dauer der Trächtigkeit verlängert und verhindert, dass das Kitz im Winter zur Welt kommt.

Vögel

Federn und Schnabel, zwei Flügel und zwei Beine machen den Vogel. Dieser einfache Grundplan wird in der Natur tausendfach abgewandelt. Unübersehbar ist einerseits die Farbenpracht vieler Vögel – vor allem der Männchen, die damit ihre Weibchen beeindrucken. Andererseits lässt eine perfekte Tarnfärbung manchen Vogel scheinbar mit seiner Umgebung verschmelzen.

„Zeige mir deinen Schnabel und ich sage dir, was du isst": Die Vielfalt der Schnabelformen spiegelt die unterschiedliche Ernährung wider, vom feinen Schnabel der Insektenfresser bis zum Nussknacker, vom Hakenschnabel der Greifvögel und Eulen bis zum Seihschnabel der Enten. Auch die Füße zeigen zahlreiche Anpassungen an verschiedene Lebensweisen. Sie können beispielsweise Schwimmhäute oder spitze Krallen tragen.

Vögel lassen sich leichter beobachten als Säugetiere, Lurche oder Kriechtiere. Die meisten sind tagaktiv, viele immer in Bewegung. Selbst wenn sie nicht durch buntes Gefieder auf sich aufmerksam machen, lassen sie sich doch oft hören. Der Kenner kann fast alle Arten an ihren Rufen und Gesängen bestimmen.

Graureiher
Ardea cinerea

- Schreitvögel
- L 85 – 102 cm
- ganzjährig

Merkmale
Sehr groß, lange Beine und langer Hals, kräftiger Schnabel; Rücken grau, Bauch und Hals heller; fliegt mit S-förmig eingezogenem Hals in schwerem Ruderflug.

Seine Vorliebe für Fische wurde ihm fast zum Verhängnis

Als „Fischereischädling" verteufelt wurde der Graureiher heftig verfolgt. Dabei reichen schon 500 Gramm am Tag, um einen Vogel satt zu machen. Außerdem erbeutet er nicht nur Fische, sondern auch Frösche, Ringelnattern, Mäuse und sogar große Insekten.

Der **Graureiher** wurde durch jahrhundertelange Jagd zu einem seltenen und extrem scheuen Vogel. Seit er unter Schutz steht, haben sich die Bestände erfreulich erholt. Inzwischen kann man die großen Schreitvögel selbst an Parkteichen beobachten. Nahezu reglos lauernd stehen sie am Ufer. Nähert sich ein Fisch, wird die Anspannung des Reihers richtig fühlbar. Dann stößt er blitzschnell zu, packt die Beute, schüttelt sie und wirft sie hoch, um sie mundgerecht in den Schnabel zu bekommen. Ihrer Vorliebe für Fische entsprechend trifft man Reiher meist an Seen und Teichen, Flüssen und Bächen. Oft stehen sie aber auch auf frisch gemähten Wiesen und lauern Mäusen auf. Auch die Nester, oft in größeren Kolonien auf Bäume gebaut, liegen nicht immer am Wasser.

Storch und Mensch – eine ganz besondere Beziehung

Nur wenige Vögel haben sich dem Menschen so eng angeschlossen wie der Weißstorch. Im Mitteleuropa nistet er fast ausschließlich auf Dächern. Wenn der erste Storch im Frühjahr wieder auf dem Dach klappert, gilt der Winter als besiegt.

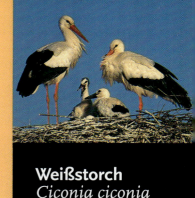

Weißstorch
Ciconia ciconia

▸ Schreitvögel
▸ L 95 – 110 cm
▸ März bis September

Merkmale
Sehr groß, lange Beine und langer Hals; weiß mit schwarzen Schwungfedern, Beine und Schnabel rot; fliegt mit gerade ausgestrecktem Hals und segelt hervorragend.

Der **Weißstorch** bringt nicht nur den Frühling, sondern auch Kindersegen; er schützt das Haus vor Blitzschlag, hellseherische Gaben werden ihm zugeschrieben – zahllose Geschichten ranken sich um „Meister Adebar". Der große Vogel profitiert von seinem Image: Schon früh wurde das Töten von Störchen mit harten Strafen geahndet (oder, so berichten viele Fabeln, von Artgenossen gerächt). Auch heute macht ihnen hierzulande weniger direkte Verfolgung oder Nistplatzmangel das Leben schwer, sondern die Trockenlegung der Sümpfe. Die einfache Rechnung heißt: ohne Frösche keine Störche (was nicht bedeutet, dass sie nur Frösche fressen). Vor allem unter den Jungstörchen, die das Fliegen erst erlernen müssen, verursachen auch die vielen Strom- und Telefonleitungen, die den freien Luftraum durchziehen, hohe Verluste.

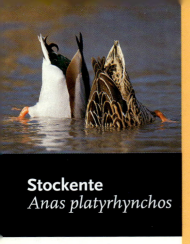

Stockente
Anas platyrhynchos

▸ Entenvögel
▸ L 50 – 60 cm
▸ ganzjährig

Merkmale
Größte heimische Ente; Männchen im Prachtkleid (September bis Mai) mit grün schillerndem Kopf, weißem Halsring und „Erpellocke" am Schwanz; Weibchen braun.

Viel verschiedener können Männer und Frauen kaum sein

Natürlich gleichen sich Ente und Erpel in Figur und Größe weitgehend. Die Färbung allerdings ist so unterschiedlich, dass die beiden Geschlechter früher sogar mit zwei verschiedenen Artnamen belegt wurden.

Die **Stockente** praktiziert Arbeitsteilung. Die bunten Erpel stellen sich schon im Spätherbst und Winter balzend zur Schau und konkurrieren um die Weibchen. Wenn der Streit ausgefochten ist, schwimmen die Paare einträchtig nebeneinander her. Nestbau und Brut besorgt dann die Ente alleine; durch ihre Tarnfarbe ist sie dem Untergrund hervorragend angepasst. Das Nest liegt oft versteckt am Boden, kann aber auch in Baumhöhlen gebaut werden. Dann müssen die Jungen springen – als Nestflüchter verlassen sie die Brutstätte gleich nach dem Schlüpfen. Stockenten sind die häufigsten Wildenten; sie schwimmen fast auf jedem Gewässer. Halb zahm und in verschiedenen Färbungsvarianten (eine Folge der Kreuzung mit Hausenten) begegnen sie uns auch im Stadtpark.

Früher nur auf einsamen Waldseen und königlichen Gewässern

Das nordöstliche Europa ist die eigentliche Heimat des Höckerschwans. Bereits im Mittelalter bereicherten zahme Schwäne die Parkanlagen des Adels (oder die Tafel der Bischöfe). Heute schmücken Schwanenpaare nicht nur jeden Stadtparksee, auch in freier Wildbahn sind sie weit verbreitet.

Höckerschwan
Cygnus olor

▸ Entenvögel
▸ L 145 – 160 cm
▸ ganzjährig

Merkmale

Sehr großer Schwimmvogel; Altvögel weiß, Jungvögel meist bräunlich; langer Hals; Schnabel orangerot mit schwarzem Höcker; laut sausendes Geräusch beim Fliegen.

Höckerschwäne sind reine Vegetarier. Sie ernähren sich vor allem von Wasserpflanzen, die sie gründelnd abweiden. Mit ihrem langen Hals können sie auch in metertiefem Wasser noch Bodenpflanzen erreichen. Gelegentlich steigen sie an Land und fressen Gras. Fische stehen, entgegen einem landläufigen Vorurteil, nicht auf dem Speisezettel. Anders als Enten sind Höckerschwäne zeitlebens „verheiratet". Wenn die Schwäne mit segelartig aufgestellten Flügeln heranrauschen, zieht man sich besser zurück. Zur Brutzeit verteidigen sie nämlich ihr Revier und vor allem die Umgebung des großen, oft aus Schilf am Ufer gebauten Nestes recht vehement.

Die meist fünf bis acht großen, über 300 g schweren Eier werden fünf Wochen lang bebrütet.

Der häufigste Greifvogel in Wald und Feld ...

... und entlang der Straßen, wo Bussarde vor allem im Winter oft in regelmäßigen Abständen auf Pfosten und Bäumen sitzen. Verunglückte Tiere werden von ihnen schnell „entsorgt"; so kann der für die einen tödliche Autoverkehr den anderen über die winterliche Nahrungsknappheit helfen.

Mäusebussard
Buteo buteo

▸ **Greifvögel**
▸ **L 50 – 58 cm**
▸ **ganzjährig**

Merkmale
Mittelgroßer Greifvogel mit breiten, abgerundeten Schwingen und mittellangem Schwanz; Färbung sehr variabel, von fast weiß über gescheckt bis ganz dunkel.

Mäusebussarde verschmähen Aas zwar nicht, ernähren sich aber doch hauptsächlich von selbst geschlagener Beute. Dabei machen sie ihrem Namen Ehre: Mäuse werden tatsächlich oft am häufigsten gefressen, daneben aber auch Kriechtiere, Frösche, Jungvögel und große Insekten wie Heuschrecken. Auch Kaninchen werden gejagt, während Feldhasen eine Nummer zu groß sind. Die Jagdtechnik des Mäusebussards ist vielseitig: Er beherrscht die Ansitzjagd, den Rüttelflug (wenn auch nicht so elegant wie der Turmfalke, S. 36) und den Segelflug. Seine ganze Flugkunst kann man während der Balz bewundern, wenn er sich in der Thermik hochtragen lässt und atemberaubende Sturzflüge anschließt. Dann sind auch immer wieder seine lauten Schreie zu hören, die etwas an das wilde Miauen einer Katze erinnern.

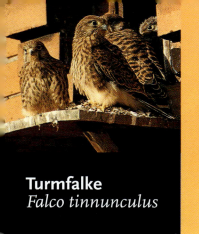

Turmfalke
Falco tinnunculus

- Greifvögel
- L 33 – 39 cm
- ganzjährig

Merkmale
Kleiner Greifvogel mit schmalen spitzen Schwingen und langem Schwanz; Rücken rotbraun mit dunklen Flecken; rüttelt häufig („Rüttelfalk").

Trägt seinen Namen zu Recht: Der Städter unter den Greifvögeln

Kirchtürme und andere herausragende Gebäude sind ihm am liebsten, aber notfalls brütet der Turmfalke sogar im Blumenkasten der Etagenwohnung, gelegentlich auch in einem alten Krähennest auf einem hohen Baum (ein eigenes Nest baut er nämlich nicht).

Turmfalken sind also Städter. Wo aber jagen sie? Mäuse, vor allem Feldmäuse (S. 19), sind ihre Lieblingsbeute und die gibt es zwischen den Häusern eher selten. Viele Turmfalken sind deshalb Pendler: Sie wohnen in der Stadt und „arbeiten" auf dem freien Feld. Typisch ist ihr Rüttelflug (Foto rechts): Auf der Stelle stehend spähen sie nach unten und lassen sich wie ein Stein fallen, sobald sie eine Maus entdecken. Die Beute wird mit einem Biss des scharfen Schnabels getötet und auf erhöhter Warte verspeist. Manche in Großstädten brütende Falken sparen sich den weiten Weg und gehen auf Vogeljagd, eigentlich eine Spezialität des etwa gleich großen Sperbers. Die kleinen Falken sind also sehr anpassungsfähig. Wenn das Angebot an Nistplätzen stimmt (und hier kann man nachhelfen), fehlen sie in keiner Stadt.

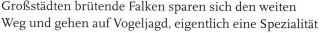

Zur Brutzeit zänkisch und laut: Blässhühner bringen Leben auf den Teich

Natürlich sollte man Tiere nicht vermenschlichen. Wer aber im Frühjahr am Parkteich Blässhühner beobachtet, kommt nicht umhin, sich an ständig aufflammende Nachbarschaftsstreitigkeiten zu erinnern. Die einzelnen Paare verteidigen ihre Reviere oft sehr heftig gegeneinander.

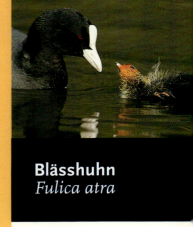

Blässhuhn
Fulica atra

▸ Kranichvögel
▸ L 36 – 40 cm
▸ ganzjährig

Merkmale
Mittelgroßer, rundlicher Wasservogel; dunkelgrau bis tiefschwarz mit spitzem weißem Schnabel und Stirnschild; Füße mit langen Zehen und seitlichen Schwimmlappen.

Blässhühner strecken dabei den Kopf nach vorne, stellen ihre Flügel segelartig hoch, um größer auszusehen, und schwimmen laut rufend aufeinander zu. „Brennt" es wenig später an der anderen Seite des Reviers, platschen sie flügelschlagend übers Wasser. Die normale Fortbewegungsweise ist ein langsames Schwimmen unter ständigem Kopfnicken. Oft tauchen die rundlichen Vögel auch. Mit einem kleinen Kopfsprung verschwinden sie unter der Wasseroberfläche. Sie sind Allesfresser, die sich von Algen und anderen Wasserpflanzen, Insektenlarven, Schnecken und Würmern (und Brot) ernähren; in Stadtparks steigen sie zur Futtersuche auch mal aus dem Wasser. Viel heimlicher lebt der „kleine Bruder" des Blässhuhns, das **Grünfüßige Teichhuhn** (Foto unten links). Es bleibt meist in der Nähe des Ufers.

Kiebitz
Vanellus vanellus

- Regenpfeifervögel
- L 28 – 31 cm
- Februar bis November

Merkmale
Watvogel mit schwarzer, grün schillernder Oberseite und bis auf den schwarzen Hals weißer Unterseite; langer Federschopf; Flügel mit weißen Spitzen.

Akrobatische Flugspiele über feuchten Wiesen

Laut rufend („kie-witt-witt") steigt der Kiebitz auf, beschleunigt mit deutlich hörbaren, wummernden Flügelschlägen, wirft sich hin und her, so dass abwechselnd Schwarz und Weiß aufblitzt, dreht sich kurz auf den Rücken, bevor er mit einer Rolle wieder nach unten schießt.

Der **Kiebitz** beeindruckt mit seiner Flugschau Weibchen und Rivalen ebenso wie mögliche Nesträuber, die er durch Scheinangriffe zu vertreiben sucht. Seine Nestmulde liegt oft ganz offen im Gras; die vier Eier sind aber so gut getarnt, dass sie kaum zu entdecken sind. Nicht viel anders die Jungen. Als Nestflüchter kommen sie im Daunenkleid und mit wachen Sinnen zur Welt. Auf einen Warnruf der Eltern scheinen sie mit dem Boden zu verschmelzen. Kiebitze schätzen feuchte, kurze Wiesen. Wo gut gedüngtes Gras dicht und schnell emporschießt, fühlen sich vor allem die Jungen nicht wohl: Die Futtersuche wird beschwerlich, bei nasser Witterung wird ihr Gefieder schnell klamm – Hauptgrund für den Rückgang des Frühlingsboten.

Lachende Möwe oder Möwe an Lachen?

Beide Namensdeutungen scheinen sinnvoll. Vor allem im turbulenten Betrieb der großen Brutkolonien sind Rufe zu hören, die an krächzendes Gelächter erinnern. Außerdem brüten die Lachmöwen vor allem am Ufer von flachen Binnenseen oder Lachen.

Lachmöwe
Larus ridibundus

- Möwenvögel
- L 35 – 39 cm
- ganzjährig

Merkmale
Kleine Möwe mit schlankem rotem Schnabel und roten Beinen; Oberseite hellgrau, unten weiß; im Brutkleid mit brauner Kapuze, sonst nur mit dunklem Ohrfleck (Foto unten).

Eine **Lachmöwe** kommt selten allein. Ihre Brutkolonien können mehrere tausend Paare umfassen. Im Schutz der streitbaren Möwen, die jeden Feind sofort attackieren, brüten oft auch seltene Enten und Taucher. Nach der Brutzeit zerstreuen sich die eleganten Flieger; jetzt tauchen sie fast überall auf, wo es Wasser gibt. Bei der Nahrungssuche sind Lachmöwen nicht anspruchsvoll: Sie folgen dem Pflug, um Regenwürmer zu fressen, sie plündern Müllhalden, segeln hoch in der Luft, um schwärmende Ameisen zu erbeuten oder stürzen sich im Stadtpark mitten zwischen die Enten, um ihnen ein Stück Brot zu entreißen. Gegen Abend streben dann kleine Scharen, oft in Linien- oder Keilformation fliegend, einem gemeinsamen Schlafplatz zu, der viele Kilometer entfernt liegen kann.

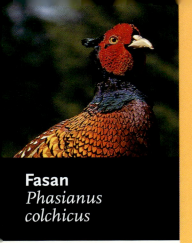

Fasan
Phasianus colchicus

- Hühnervögel
- L 70 – 90 cm
- ganzjährig

Merkmale
Männchen groß, mit grün glänzendem Kopf, roten Hautlappen, kupferrotem Körper und sehr langem Schwanz; Weibchen kleiner, braun gefleckt, mit kürzerem Schwanz.

Startet, kaum aus dem Ei geschlüpft, schon durch

Fasanenküken sind Nestflüchter, die mit wenigen Tagen bereits fliegen können und im Alter von drei bis vier Wochen schon abends aufbaumen. Das Schlafen in Bäumen dient der Sicherheit. Tagsüber sind Fasanen fast ausschließlich am Boden unterwegs.

Der **Fasan** ist kein alteingesessener Mitteleuropäer. Er stammt aus Asien, wurde bei uns jedoch bereits früh gehalten (möglicherweise schon zur Römerzeit, sicher ab ca. 500 n.Chr.) und ausgewildert, um die attraktive Jagdbeute einzubürgern. Bis heute hält er sich nur in klimatisch günstigen Tieflagen ohne weitere Nachhilfe. Andernorts stützen Winterfütterung und laufende Aussetzung von Jungtieren die Bestände. Die Fasanenhege war früher auch Anlass, Greifvögel intensiv zu bejagen. Agrarlandschaften, in denen offene Flächen zur Nahrungssuche ebenso wie sichere Deckung und Brutplätze vorhanden sind, sind Lebensräume für Fasanen. Die Hähne sind nicht nur optisch auffällig. Auch ihr lautes, raues, zweisilbiges Krähen („go-gok") mit anschließendem geräuschvollem Flügelschwirren ist nicht zu überhören.

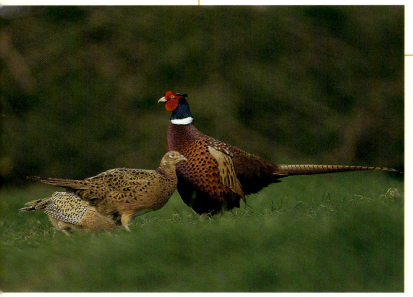

Die Taube, die aus dem Osten kam, trägt ihren Namen zu Recht

Die Türkentaube ist in Asien weit verbreitet; nach Europa kam sie möglicherweise erst im Gefolge der Ausdehnung des Osmanischen Reiches auf die Balkan-Halbinsel. Innerhalb weniger Jahrzehnte (seit etwa 1930) hat sie ihr Brutgebiet über fast ganz Europa ausgedehnt.

Türkentaube
Streptopelia decaocto

- Taubenvögel
- L 31 – 34 cm
- ganzjährig

Merkmale
Relativ kleine Taube mit langem Schwanz; hellgrau bis beige, Schwanz breit weiß gesäumt; schmaler schwarzer, weißgesäumter Hals-Halbring.

Türkentauben brüteten erstmals im Jahr 1944 in Deutschland, im gleichen Jahr wurde Italien erreicht, 1948 Dänemark, 1950 Schweden und Frankreich, wenig später auch Großbritannien, 1971 sogar Island. Inzwischen sind die eleganten Vögel in Mitteleuropa typische Vögel aller Siedlungsgebiete und aus unseren Städten kaum mehr wegzudenken. Hier finden sie wohl günstigere (wärmere) Lebensbedingungen als in der „freien Natur". Allerdings deutet sich in den letzten Jahren ein Bestandsrückgang an, den wohl nur die Langschläfer begrüßen werden, die unter dem frühmorgendlichen Balzruf der Tauben („ku-kuuh-ku") leiden. Auch die größte europäische Wildtaube, die **Ringeltaube** (Foto oben), verstädtert übrigens zunehmend.

Mauersegler
Apus apus

- Segler
- L 16 – 18 cm
- Mai bis August

Merkmale
Meist fliegend; Ober- und Unterseite (bis auf die hellere Kehle) dunkel; Schwanz gegabelt; Flügel extrem schmal und lang, rasanter Flug; laute schrille Rufe („sriih").

Jagen, schlafen, trinken, lieben – alles in der Luft

Laut rufend und mit peitschenden Flügelschlägen sausen die schnittigen Luftakrobaten an Sommerabenden im Formationsflug durch die Straßen der Stadt. Wenig später löst sich der Trupp wieder auf, die Segler widmen sich nun einzeln der Jagd.

Mauersegler haben ein großes Maul, mit dem sie Luftplankton (kleine Insekten und Spinnen) käschern – eine ausgesprochene Schönwetternahrung. Um schlechtem Wetter auszuweichen fliegen sie oft weite Strecken, manchmal Hunderte von Kilometern am Tag. Ihre Jungen fallen währenddessen in einen Energie sparenden Starrezustand. Mauersegler brüten bei uns fast nur in Gebäuden, daher ihr volkstümlicher Name „Turmschwalben". Mit den echten Schwalben sind sie allerdings nicht verwandt und am dunklen Bauch auch sofort zu unterscheiden. Mehr noch als diese sind sie echte Luftikusse. Wenn sie bei schönem Wetter spät abends in großer Höhe verschwinden, gehen sie tatsächlich schlafen (bei schlechtem Wetter ziehen sie den Nistplatz vor). Da wundert es dann kaum noch, dass sich Mauersegler auch im Flug paaren können.

Jäger der Nacht auf lautlosen Schwingen

Der Waldkauz ist eine unserer häufigsten Eulen, zudem eine, die den Menschen nicht scheut und nicht nur im Wald, sondern auch in Parks, großen Gärten und an Gebäuden zu Hause ist. Trotzdem sieht man ihn selten. Erst wenn es fast ganz dunkel ist, geht der Kauz auf Jagd.

Waldkauz
Strix aluco

▸ Eulen
▸ L 37 – 43 cm
▸ ganzjährig

Merkmale
Mittelgroße Eule; Gefieder rindenfarben mit braunem oder grauem Grundton; Kopf groß und rund, ohne Federohren; auffälliger Gesichtsschleier, Augen dunkel.

Der **Waldkauz** schätzt vielseitiges Essen. Das haben Untersuchungen von Gewöllen ergeben, in denen die unverdaulichen Reste (Knochen, Haare, Federn) seiner Beutetiere fein säuberlich verpackt sind. Mäuse sind Grundnahrungsmittel, aber auch Vögel und Frösche spielen eine wichtige Rolle. Gejagt wird vor allem mit Hilfe des überaus feinen Gehörs. Ein spezielles Federkleid sorgt für einen unhörbaren Flug, so dass die Maus den nahenden Kauz nicht wahrnehmen kann, bevor es zu spät ist. Wenn er sein Brutrevier absteckt, macht der Waldkauz dagegen Lärm: Ein lang gezogenes, tremolierend endendes Heulen („huh hu-hu-hu-huuuuuu") verrät ihn ebenso wie ein gellendes „kuwitt". Als aufforderndes „komm mit!" verstanden trug dieser Schrei wesentlich zum Ruf des Kauzes als Totenvogel bei.

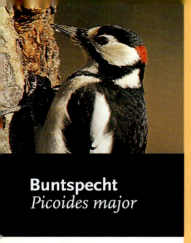

Buntspecht
Picoides major

- Spechtvögel
- L 22 – 26 cm
- ganzjährig

Merkmale
Aufrechte Gestalt, kräftiger Meißelschnabel; Bauch weiß, Unterschwanz leuchtend rot, Kopf und Oberseite schwarz und weiß; Männchen mit rotem Nackenfleck.

Mit dem Kopf durch die Wand – Trommler und Zimmermann

Wenn andere Vögel singen, um ihr Revier gegen Rivalen abzugrenzen und ein Weibchen anzulocken, sucht sich der Buntspecht einen hohlen Ast. Seine kurzen, kräftigen Trommelwirbel schallen weithin durch Wald oder Park. Einen guten „Sound" haben aber auch Fallrohre für Regenwasser.

Der **Buntspecht** macht aber nicht nur Musik mit seinem Schnabel. Vor allem beim Bau der Bruthöhle fliegen die Späne. Die Nisthöhle wird immerhin meist 30 – 40 cm tief ausgemeißelt. Als Brutbäume bevorzugt der Specht oft Hartholzarten wie Buche und Eiche, wobei er natürliche Schwachstellen des Baumes nutzt. Besondere Anpassungen verhindern eine Gehirnerschütterung bei der Arbeit. Manche Knochenstrukturen sind verstärkt und der Schnabel ist mit dem Hirnschädel federnd verbunden. Auch zum Nahrungserwerb setzt der Buntspecht seinen Schnabel ein. Er legt damit im Holz lebende Larven frei, die er anschließend mit seiner spitzen, klebrigen Zunge aus den Fraßgängen holt oder er bearbeitet Zapfen und Nüsse damit. Spechte klettern dank spitzer Krallen und Stützschwanz übrigens hervorragend.

Zu wenig Dreck auf Dorfstraßen und Plätzen?

Allerdings brauchen Schwalben nicht irgendeinen Dreck, sondern lehmige, feuchte Erde. In kleinen Portionen mit dem Schnabel eingesammelt dient er als Baumaterial für die Schwalbennester. Seit alle Dorfstraßen asphaltiert sind, wird der Baustoff knapp.

Mehlschwalbe
Delichon urbica

▸ Sperlingsvögel
▸ L 13 – 15 cm
▸ April bis September

Merkmale
Meist fliegend; Unterseite mehlweiß, Oberseite blauschwarz, Bürzel leuchtend weiß; Schwanz leicht gegabelt; Flügel dreieckig, Flug schnell, etwas zappelig.

Den **Mehlschwalben** kann geholfen werden. Vogelschützer bauen künstliche Nester und hängen sie unter den Dachtrauf – wenn sie Hausbesitzer finden, denen das Häufchen Schwalbendreck, das sich im Lauf des Sommers darunter ansammelt, nichts ausmacht. Die Mehlschwalben nehmen die Ersatzwohnungen gerne an, wenn die übrigen Lebensbedingungen stimmen. Und das heißt für Schwalben in erster Linie: ein reiches Insektenangebot. Die nahe verwandte **Rauchschwalbe** baut ihr Nest hauptsächlich im Inneren von Ställen; dort kann sie auch bei Regenwetter auf Fliegenjagd gehen. Wohl nicht zuletzt, weil ihr Schicksal auf Gedeih und Verderb mit uns verknüpft ist, erscheinen Schwalben auch in vielen Sprichwörtern und Geschichten, ob als Frühlingsbote oder als Glücksvogel: „Wo die Schwalbe nistet im Haus, zieht der Segen niemals aus".

Rabenkrähe
Corvus corone corone

- Sperlingsvögel
- L 44 – 51 cm
- ganzjährig

Merkmale
Groß; schwarz mit stahlblauem Schimmer; Schnabel sehr kräftig; Ruf laut „kraah".

Göttervögel oder Galgenvögel? Unglücksraben oder Todesboten?

Es gibt nur wenige Vögel, die so tiefe Spuren in der Mythologie hinterlassen haben wie die Raben und Krähen. Die tiefschwarze Farbe der großen Vögel mag dabei ebenso eine Rolle gespielt haben wie ihre düsteren Rufe und ihre große Anpassungs- und Lernfähigkeit.

Rabenkrähen, die vor allem im Winter in großen Schwärmen erscheinenden **Saatkrähen** (Foto rechts) und die wesentlich größeren und selteneren Kolkraben werden bis heute nicht ohne Vorurteile betrachtet. Dass Rabenkrähen (wie Elstern) gelegentlich auch Eier und Jungvögel fressen und dadurch in Einzelfällen andere Arten schädigen können, verübelt man ihnen so sehr, dass sogar ihr Abschuss gefordert wird. Dabei sorgt schon ihr Verhalten dafür, dass ihr Bestand nicht steigt: Sie leben paarweise in einem großen Revier, das sie das ganze Jahr verteidigen. Ein Teil der Krähen kann kein Revier ergattern und lebt als Reserve im „Niemandsland", bereit einzuspringen, wenn ein Gebiet frei wird. Das große Krähennest, meist auf hohen Bäumen, dient in späteren Jahren oft seltenen Arten wie der Waldohreule oder dem Baumfalken als Brutplatz.

Neu-Städter mit unverdient schlechtem Ruf

Vergeblich warnt und schimpft die Amsel: Die beiden viel größeren schwarz-weißen Vögel ruhen nicht eher, bis sie ihr Nest entdeckt haben. Wo eben noch sechs Eier lagen, beobachtet der empörte Vogelfreund wenig später nur noch die trauernde Mutter am leeren Nest ...

Elster
Pica pica

▸ Sperlingsvögel
▸ L 44 – 50 cm
▸ ganzjährig

Merkmale
Oberseite bis auf weiße Schulterflecke schwarz, Kopf und Hals schwarz, Bauch weiß; Schwanz sehr lang, schwarz mit grünem und blauen Glanz; Schnabel kräftig; Flügel kurz, im Flug innen schwarz, außen fast ganz weiß.

Die **Elster** hat die Rolle des einst verfemten Sperbers als „Singvogelmörder" übernommen. Sie treibt ihr Unwesen vor unser aller Augen, denn die Elsterbestände in den Vorstädten haben stark zugenommen – gleichzeitig aber wird die Art in der freien Feldflur seltener, eine Folge der Ausräumung der Landschaft. Droht tatsächlich Gefahr? Wissenschaftliche Untersuchungen in verschiedenen Städten belegen das Gegenteil: Trotz stark steigender Elsterbestände gab es nirgendwo weniger Kleinvögel. Denn auch die können sich natürlich anpassen und ihre Nester weniger offen anlegen. Außerdem sind Elstern zwar Allesfresser, die jede neue Nahrungsquelle findig nutzen, Eier und Nestlinge spielen aber nur eine geringe Rolle in ihrer Ernährung. Also: Es gibt keinen guten Grund, den Elstern zu Leibe zu rücken.

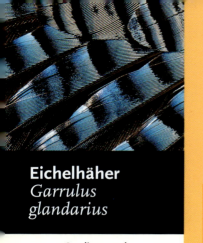

Eichelhäher
Garrulus glandarius

- Sperlingsvögel
- L 32 – 35 cm
- ganzjährig

Merkmale

Grundfarbe rötlichbraun; schwarzer Bartstreif, blaue Federn mit feinen schwarzen Streifen am Flügelbug; im Flug auffallend weißer Bürzel und weißer Flügelfleck.

Wächter und Gärtner – der Vogel mit den zwei Berufen

Kaum hat der Jäger den Wald betreten, entdeckt ihn der Eichelhäher. Sein lautes heiseres Rätschen begleitet ihn eine Weile. Wild wird er so schnell nun nicht zu Gesicht bekommen. Gewarnt durch den aufmerksamen Häher bleiben Rehe und Hirsche vorsichtig in Deckung.

Eichelhäher verdanken ihren Namen ihrer Vorliebe für Eicheln. Die fallen im Herbst meist reichlich an. Jetzt sieht man die während der Brutzeit so heimlichen Vögel häufig. In stetem Pendelverkehr bringen sie Eicheln, Bucheckern und Haselnüsse von manchmal kilometerweit entfernten Bäumen in ihr Revier, um sie dort einzeln zu verstecken. Ein einziger Häher kann mehrere tausend Eicheln „pflanzen", von denen er im Winter bis weit in das nächste Frühjahr hinein zehrt. Erstaunlich zielsicher findet er seine Verstecke wieder, selbst wenn diese unter einer Schneedecke begraben liegen. Aber natürlich keimen auch zahlreiche Früchte und wachsen zu Bäumen heran, die späteren Generationen von Hähern über den Winter helfen. Der Eichelhäher: ein Vorbild in puncto „nachhaltiges Wirtschaften".

Die häufigste Meise in Gärten, Parks und Wäldern

Jahrzehntelang bedeutete Vogelschutz vor allem das Aufhängen von Nistkästen und die Winterfütterung. Von beidem profitierten nur wenige Vogelarten, unter ihnen die Kohlmeise. Da alte, höhlenreiche Bäume selten sind, ist der Höhlenbrüter auf ein entsprechendes Angebot angewiesen.

Kohlmeise
Parus major

▸ Sperlingsvögel
▸ L 14 – 15 cm
▸ ganzjährig

Merkmale
Größte Meise; Schnabel kurz und spitz; Kopf kohlschwarz mit weißen Wangen, Bauch gelb mit schwarzem Mittelstreif, Rücken moosgrün, Flügel blaugrau.

Kohlmeisen sind zwar wenig wählerisch, wenn es um die Wohnung geht. Nester wurden schon in Mauerspalten, Briefkästen oder Laternenmasten gefunden. Die Wunschwohnung liegt aber doch in Baumlöchern – oder eben Nistkästen. Hängt man genügend auf, lässt sich die Kohlmeisen-Dichte (fast) beliebig steigern. Natürlich spielt neben dem Nistplatz auch die Qualität des Reviers eine Rolle. Kohlmeisen sind in erster Linie Insektenfresser und tragen dadurch zur biologischen Schädlingsbekämpfung im (Obst-)Garten bei. Ihre Jungen füttern sie bevorzugt mit Raupen. Mit ihrem feinen Meißelschnabel stöbern sie auch im Winter selbst winzige Beutetiere in feinen Ritzen auf. Gerne nehmen sie dann Sonnenblumenkerne und Talg an Futterstellen mit – für ihr Überleben notwendig ist die Fütterung aber nicht.

Kleiber
Sitta europaea

- Sperlingsvögel
- L 12 – 14 cm
- ganzjährig

Merkmale
Kompakte, „halslose" und kurzschwänzige Figur; langer spitzer Schnabel; Oberseite blaugrau, Unterseite orangebraun; verschmitztes Gesicht dank schwarzem Augenstreif.

Kopfunter den Baum herunter kann nur einer

Gute Kletterer gibt es einige in der heimischen Vogelwelt, aber nur der Kleiber beherrscht das Abwärtsklettern mit dem Kopf voran. Dabei lässt er einen seiner großen, spitze Krallen tragenden Füße oben als Sicherung stehen, während er den anderen vorsetzt.

Kleiber suchen, den Baum oder Ast hinauf und hinunter huschend, in Rindenritzen und Astgabeln nach Insekten und Spinnen. Im Herbst und Winter klemmt der Kleiber harte Samen von Buchen, Hainbuchen oder Linden in die raue Rinde und bearbeitet sie (wieder kopfunter) mit dem Meißelschnabel, um sie zu öffnen. Auch Sonnenblumenkerne von der Futterstelle werden so geknackt. Ist genügend da, versteckt er auch mal Vorräte für schlechtere Zeiten. Kleiber sind Höhlenbrüter, wie viele andere Singvögel auch. Um unliebsame Wohnungs-Konkurrenten oder Nestplünderer auszuschalten, wenden sie eine ganz besondere Technik an, die ihnen auch zu ihrem Namen verhalf (Kleiber = Kleber): Sie verengen den Eingang der Höhle mit steinhart werdendem Lehm so weit, dass größere Vögel nicht mehr durchpassen.

Frühmorgendlicher Sangeskünstler im Antennenwald

Schon im Spätwinter ertönen nach etwas laueren Nächten in der Morgendämmerung ihre wunderschönen Strophen von den Dächern. Die vollen Flötentöne gehören zu den ersten Frühlingsboten. Schon wenig später beginnen die Amseln mit dem Nestbau.

Amsel
Turdus merula

Die **Amsel**, ursprünglich ein scheuer Waldvogel, ist inzwischen eine der häufigsten Arten der Dörfer und Städte. Ihr außen aus Zweigchen und gröberen Halmen gebautes, innen mit Lehm ausgeschmiertes und anschließend gepolstertes Nest findet man bevorzugt in Hecken, immergrünen Gehölzen und grünen Fassaden. Aber auch Rollladenkästen oder Balkone bieten willkommene Nistplätze. Bis zu vier Bruten zieht eine Stadt-Amsel im Jahr auf. Die notwendige Nahrung besorgt sie sich in Gärten und Parkanlagen. Meist hüpfen die Amseln auf dem Boden; Regenwürmer gehören zu ihrer bevorzugten Beute. Wenn dann die Jungen ausfliegen, lernt man den Sänger von seiner lauten Seite kennen. Nach jeder Störung, sei es durch Katze oder Elster, ertönt ihr nicht enden wollendes, warnendes „tix tix".

▸ Sperlingsvögel
▸ L 24 – 29 cm
▸ ganzjährig

Merkmale
Männchen schwarz mit orangegelbem Schnabel und gelbem Augenring; Weibchen braun, mit undeutlich braun gefleckter Brust.

Wacholderdrossel
Turdus pilaris

▸ Sperlingsvögel
▸ L 22 – 27 cm
▸ ganzjährig

Merkmale
Bunteste heimische Drossel; Kopf grau mit weißem Überaugenstreif, Rücken braun, Bürzel grau, Schwanz schwarz; Brust bräunlich mit Pfeilflecken.

Enge Nachbarschaft macht stark
Sobald sich eine Krähe der Brutkolonie nähert, steigen laut schnarrend gleich mehrere Wacholderdrosseln auf. Ihre Attacken gipfeln in gezielten Kotspritzern, mit denen sie den viel größeren Vogel beschießen, um ihn von ihren Nestern fernzuhalten.

Wacholderdrosseln brüten oft in lockeren Kolonien, die meist zehn bis 20, gelegentlich aber auch mehr als 100 Brutpaare umfassen können. Von der gemeinsamen Verteidigung profitieren vor allem die Nester im Zentrum. Auch außerhalb der Brutzeit sind die Drosseln sehr gesellig. Selten wird man einen einzelnen Vogel beobachten; meist sind es große Trupps, die auf Rasenflächen oder Streuobstwiesen am Boden nach Regenwürmern, Insekten oder heruntergefallenem Obst picken. Noch vor gut 100 Jahren waren in Mitteleuropa Bruten der im Nordosten weit verbreiteten Drossel ziemlich selten. Nur im Winter erschienen große Schwärme – und landeten, als „Krammetsvögel" hoch geschätzt, nicht selten im Kochtopf. Inzwischen hat die Wacholderdrossel ihr Brutgebiet weit nach Südwesten ausgedehnt und ist ein häufiger Brutvogel.

Hauptsache Stein: Von der Felswand zur Fassade

Wer in alten Zeiten einen Hausrotschwanz beobachten wollte, fuhr am besten ins Gebirge. Heute genügt ein Blick aus dem Fenster. Dem kleinen Sänger ist es offensichtlich egal, ob er seine Jungen in sauberer Bergluft oder im Mief der Städte großzieht.

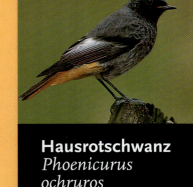

Hausrotschwanz
Phoenicurus ochruros

- Sperlingsvögel
- L 14 cm
- März bis November

Merkmale
Zierliche aufrechte Gestalt mit feinem Schnabel, knickst häufig und zittert mit dem rostroten Schwanz; Männchen (Foto oben) meist schwarzgrau mit schwarzer Kehle; Weibchen (Foto unten links) dunkelgrau.

Der **Hausrotschwanz** baut sein Nest in Felsspalten, in Nischen und auf Absätze. Unsere Häuser sind für ihn Kunstfelsen; die dichte Besiedelung der Landschaft hat seinen Lebensraum erheblich erweitert. Wer ein übriges tun will, hängt einen Halbhöhlenkasten mit großer Öffnung auf. Zusammen mit der Amsel eröffnet der Hausrotschwanz das morgendliche Vogelkonzert noch zu nächtlicher Stunde. Von Dachfirsten und Antennen ertönen seine mühsam und gepresst klingenden Strophen. Nahrung sucht der Rotschwanz, wie er das vom Gebirge her gewohnt ist, überwiegend auf dem Boden. Gern sitzt er etwas erhöht und sammelt blitzschnell vorstoßend Kleintiere auf; manchmal erbeutet er auch vorbeifliegende Insekten im kurzen Jagdflug.

Rotkehlchen
Erithacus rubecula

- Sperlingsvögel
- L 13 – 14 cm
- ganzjährig

Merkmale
Rundliche Gestalt mit zartem Schnabel; große dunkle Augen; Oberseite braun; Gesicht, Kehle und Brust orangerot; Jungvögel mit braun gefleckter Brust.

Rot lässt das Rotkehlchen rot sehen

Singend versucht das Rotkehlchen, den Rivalen aus seinem Revier zu vertreiben. Der flieht aber selbst dann nicht, als der Revierinhaber zu ihm hinfliegt. Mit heftig gesträubtem Gefieder präsentiert dieser jetzt seine rote Kehle und Brust – der Angriff steht unmittelbar bevor.

Rotkehlchen wirken mit ihrer rundlichen Gestalt und den großen dunklen Knopfaugen niedlich. Im Kampf allerdings sind sie schrecklich; manchmal enden ihre Auseinandersetzungen sogar tödlich. Auslöser ist die orangerote Färbung. Sie lässt Rotkehlchen sogar auf ihr eigenes Spiegelbild losgehen. Normalerweise genügt aber schon der auch für menschliche Ohren wunderschöne, ausdrucksvolle Reviergesang, um Gebiete für sich zu reservieren. Da Rotkehlchen auch im Winter Reviere verteidigen, gehören sie zu den wenigen „Wintersängern". Rotkehlchen sind Bodenvögel; hier suchen sie einen großen Teil ihrer Nahrung (vor allem Insekten) und hier liegen gut versteckt die Nester. Das brütende Weibchen sitzt reglos, selbst wenn man sich auf einen Meter nähert – zusammen mit der olivbraunen Oberseite eine perfekte Tarnung.

Im Winter ins warme Afrika – oder doch lieber nach England?

Eigentlich sind Mönchsgrasmücken aus Mitteleuropa Mittel- oder Weitstreckenzieher, die überwiegend in Afrika überwintern. Seit einiger Zeit erscheinen sie aber auch vermehrt im Süden Englands, um dort im milden Klima des Golfstroms den Winter zu verbringen.

Mönchsgrasmücke
Sylvia atricapilla

▸ Sperlingsvögel
▸ L 14 – 15 cm
▸ April bis Oktober

Merkmale
Kräftige Gestalt; dünner Insektenfresser-Schnabel; Männchen (Foto unten) mit schwarzer Kopfplatte, Weibchen (Foto oben) und Jungvögel mit rotbrauner Kopfplatte.

Diese **Mönchsgrasmücken** haben den Vorteil, dass sie den kürzeren Heimweg haben – und wer zuerst zu Hause ist, hat die Möglichkeit, die besten Reviere zu besetzen. Andererseits kann Überwinterung im Norden und frühe Heimkehr auch riskant sein; längere Frostlagen können bedrohlichen Nahrungsmangel verursachen. Allerdings sind Mönchsgrasmücken keine reinen Insektenjäger. Im Winterhalbjahr fressen sie auch viele Beeren. Die „Schwarzplättchen" sind zwar in vielen Lebensräumen häufig, aber gar nicht so einfach zu beobachten. Wie alle Grasmücken schlüpfen sie unauffällig durchs Gebüsch. Auch während des Singens wechseln sie ständig den Standort. Ihr laut flötender Gesang gilt als einer der schönsten. Früher wurden Mönchsgrasmücken deshalb häufig als Stubenvögel gehalten.

Bachstelze
Motacilla alba

- Sperlingsvögel
- L 17 – 19 cm
- März bis Oktober

Merkmale
Schlank; Schwanz sehr lang; Beine lang; Schnabel spitz; zur Brutzeit schwarz-grau-weiß, im Schlichtkleid und Jungvögel (Foto unten) nur mit schwarzem Brustband.

Aparte Erscheinung am kiesigen Bachufer

Die zierliche Bachstelze fällt nicht nur wegen ihrer eleganten Schwarz-Weiß-Färbung und den dunklen Knopfaugen auf. Ständig ist sie in Bewegung, trippelt schnell hin und her, jagt flatternd hinter einem Insekt her, wippt heftig mit dem langen Schwanz ...

Die **Bachstelze** trägt ihren Namen zu Recht: Sie liebt das Wasser. Vor allem aber schätzt sie die offenen Kiesbänke und Sandstrände, die zahlreiche naturnahe Bäche begleiten. Hier findet sie ihre Nahrung, überwiegend Insekten. Meist ist sie bei der Nahrungssuche zu Fuß unterwegs, nicht hüpfend (wie viele andere Kleinvögel), sondern laufend und rennend. Sie hat einen wellenförmigen „Berg-und-Tal-Flug" und verrät sich häufig durch ihren lauten, zweisilbigen Ruf („zilip"). Bäche mit Kiesbänken sind allerdings selten geworden – die Bachstelzen nicht. Sie konnten auf die zahlreichen vom Menschen geschaffenen offenen Flächen ausweichen. In Dörfern und Industriegebieten sind Bachstelzen inzwischen zu Hause. Viele brüten nicht mehr an felsigen Prallhängen, sondern in Mauernischen an Häusern.

Der Finkenschlag kündet den nahenden Frühling

Schon an schönen Spätwintertagen ertönt der schmetternde Gesang aus den Bäumen, zunächst meist bruchstückhaft, später dann in vollständigen Strophen. Das ganze Jahr zu hören ist der Ruf, dem der Fink seinen Namen verdankt, ein helles „pink".

Buchfink
Fringilla coelebs

- Sperlingsvögel
- L 14 – 16 cm
- ganzjährig

Merkmale

Schlank; mit relativ langem Schwanz und kräftigem Schnabel; weiße Schwanzkanten; Männchen (Foto unten) bunt, Weibchen (Foto links) blasser.

Buchfinken, fast überall in Europa sehr häufig, singen Dialekt. Das Grundschema des Finkenschlags ist zwar überall dasselbe, einzelne Teile der Strophe werden aber lokal verändert. Vor allem der Schluss-Schnörkel klingt sehr unterschiedlich. Als die Stubenhaltung einheimischer Singvögel noch ein weit verbreitetes Hobby war, wurden verschiedene Strophenenden lautmalerisch umschrieben („würzgebier", „reitherzu", „putzebart"). Regelrechte Wettstreite wurden ausgetragen, in denen die eifrigsten Sänger oder die mit der schönsten Strophe prämiert wurden. Dabei nutzte man aus, dass ein Fink, der einen anderen in nächster Nähe singen hört, fast ununterbrochen Strophe an Strophe reiht. In freier Wildbahn dient der Gesang ja zur Abgrenzung der Reviere und Abschreckung von Rivalen.

Trillert fast so schön wie ein Kanarienvogel

Schließlich gehört der Grünfink ja auch in die engere Verwandtschaft; beide sind Finken. Der nächste Vetter des Kanarienvogels allerdings, der Girlitz, quietscht wie ein schlecht geschmiertes Wagenrad.

Grünfink
Carduelis chloris

▸ Sperlingsvögel
▸ L 14 – 16 cm
▸ ganzjährig

Merkmale
Kräftiger Körperbau; starker Körnerfresser-Schnabel; Männchen unten gelbgrün, oben graugrün, gelber Flügelstreif und gelbe Schwanzseiten; Weibchen bräunlicher.

Der **Grünfink** singt nicht nur von Baumspitzen, sondern auch in einem merkwürdig gaukelnden Singflug mit langsam rudernden Flügelschlägen. Neben den Trillern und Rollern erklingt immer wieder ein typischer Laut, den zu beschreiben die Vogelkundler sich schwer tun. Als Knätschen, Rülschen oder Schwunschen wird er lautmalerisch nur unzureichend umschrieben. Grünfinken sind auch in Siedlungen sehr häufig. Sie profitieren sogar von den (ansonsten von Naturschützern nicht so gern gesehenen) Wacholder- und Thuja-Pflanzungen in Gärten und öffentlichen Anlagen. Dort sind ihre Nester gut versteckt. Ebenso schätzen sie Löwenzahn, genauer: seine Samen. Grünfinken sind überzeugte Vegetarier. Im Winter kommen die Körnerfresser gern an Futterstellen, wo sie nicht zuletzt durch ihre Streitlust auffallen.

Haussperling, Spatz
Passer domesticus

- Sperlingsvögel
- L 14 – 16 cm
- ganzjährig

Merkmale
Plump; kräftiger Schnabel; Oberseite braun gestreift, unten grau; Männchen mit grauem Scheitel und schwarzem Latz; Weibchen mit hellem Strich hinter dem Auge.

(Fast) überall verbreiteter Weltbürger im Gefolge des Menschen

Wenn einer schon nach dem „Haus" heißt, ist das ein deutlicher Hinweis auf seine Vorliebe für Siedlungen. Lange profitierte der Spatz von seiner engen Beziehung zum Menschen. In vielen Gebieten brüten Spatzen ausschließlich an Bauwerken.

Haussperlinge stammen vermutlich aus den Steppengebieten Asiens. Erst mit dem Beginn des Ackerbaus vor einigen tausend Jahren wanderten sie nach Mitteleuropa ein. Anderswo hat der Mensch ein bisschen nachgeholfen: Im Jahr 1850 wurden Sperlinge in New York ausgesetzt. 50 Jahre später waren schon fast alle Städte der USA besiedelt. Heute ist nahezu die ganze Erde Spatzenland. Allerdings haben die immer im Trupp lebenden tschilpenden Schmuddelkinder viele Stadtzentren schon längst wieder weitgehend geräumt. Mit den Pferden (bzw. deren Hafersäcken und Rossbollen) verschwand eine wichtige Nahrungsquelle. Überall dort aber, wo Nischen Nistmöglichkeiten bieten, wo ganzjährig Sämereien verfügbar sind und größere Grünflächen auch die zur Jungenaufzucht nötige Insektennahrung sicherstellen, brüten sie noch.

Wenn der Frosch im Baum quakt oder der Schiedsrichter vom Dach pfeift

Stare bauen in ihren Gesang alles Mögliche ein, was ihnen anderswo gefallen hat. Täuschend ähnlich ahmen sie andere Tierarten oder technische Geräusche nach. Schon mit drei Wochen beginnen die Jungstare mit den ersten Gesangsübungen; lebenslang lernen sie dazu.

Star
Sturnus vulgaris

- Sperlingsvögel
- L 19 – 22 cm
- ganzjährig

Merkmale
Im Sommer schwarz glänzend, Schnabel spitz; außerhalb der Brutzeit mit vielen weißen Flecken („Perlstar"); Schwanz kurz; hüpft nicht, sondern schreitet.

Stare brüten nicht gerne allein – man schätzt gute Nachbarschaft. Jedes Brutpaar verteidigt nur die unmittelbare Umgebung der Höhle. Wenn Stare singen, richtet sich das nicht gegen Rivalen (wie bei vielen anderen Arten). Das stundenlange Geschwätz, das aus großen Starenkolonien aufsteigt, dient dem sozialen Zusammenhalt, nicht der Auseinandersetzung. Auch außerhalb der Brutzeit bilden sie gerne große Schwärme; im Winter übernachten solche sogar mitten in Großstädten, wo es heller und wärmer ist. Landwirten macht dieser innige Zusammenhalt Sorge: Fällt ein Schwarm im Weinberg ein, kann man die Ernte vergessen. Stare sind deshalb in manchen Ländern bis heute vogelfrei. Anderswo hängt man Nistkästen auf und freut sich, wenn im Frühjahr wieder der erste Star flügelschlagend singt und balzt.

Kriechtiere und Lurche

Reptilien und Amphibien – zu deutsch Kriechtiere und Lurche – werden von vielen „in einen Topf geworfen". Wie unterscheiden sich schon Eidechse und Salamander? Ganz einfach: Die Kriechtiere haben eine trockene, mit Schuppen bedeckte Haut, die Lurche dagegen eine schuppenlose, glatte und mehr oder weniger feuchte Oberfläche. Die Eidechse gehört also, wie auch die Schlangen, zur ersten Gruppe, der Salamander zusammen mit Molchen, Fröschen und Kröten zur zweiten. Grundsätzlich unterscheiden sich beide auch, wenn es ums Kinderkriegen geht. Amphibien legen ihre Eier im Wasser ab. Dort entwickelt sich, anfangs in einer durchsichtigen Hülle verpackt, eine Larve, die mit Kiemen atmet und ganz anders aussieht als ihre Eltern. Erst später wandelt sich das Wassertier zum lungenatmenden Landbewohner. Der Umbau der Kaulquappe zum Frosch ist ein eindrucksvolles Beispiel. Ganz anders bei den Reptilien. Hier schlüpfen aus beschalten, meist in der Erde abgelegten Eiern Jungtiere, die den Erwachsenen in Körperform und Lebensweise schon weitgehend gleichen.

Zauneidechse
Lacerta agilis

- Echsen
- KR bis 11 cm, S bis 15 cm
- April bis September

Merkmale
Oberseite grau bis braun mit bis zu drei hellen Längsstreifen und dunklen Fleckenreihen; Männchen besonders im Frühjahr mit grünen Flanken und grüner Kehle.

Die kleinen Drachen lieben's warm und trocken

Eidechsen schätzen offene Flächen mit spärlichem Pflanzenwuchs. Hier strahlt die Sonne ungehindert auf den Boden und die wechselwarmen Reptilien haben kein Problem, Wärme zu tanken und sich auf „Betriebstemperatur" bringen zu lassen.

Flink werden **Zauneidechsen** dann in der Mittagshitze. Jetzt machen sie ihrem lateinischen Namen Ehre (agilis = gewandt). Auf der Suche nach Würmern und Schnecken, Spinnen und Insekten huschen sie durch ihr Revier, das die Männchen gegen Rivalen auch verteidigen. Die Eier werden in selbst gescharrte Erdlöcher gelegt und von der Sonne ausgebrütet. Ob natürliche Felsen, Trockenmauern oder Bahndämme: Wichtig ist, dass genügend Verstecke da sind, damit die Fluchtwege nicht zu lang werden. Schlangen und Vögel, im Siedlungsbereich auch Katzen, stellen ihnen nach. Falls es mal ganz knapp wird, können Eidechsen einen Teil ihres Schwanzes opfern, der noch eine Weile zuckt und den Angreifer ablenkt. Weil der Schwanz, wenn auch etwas kürzer, wieder nachwächst, funktioniert das auch mehrmals.

Weder blind noch Schlange: die beinlose Eidechsenverwandte

Ein tiefer Blick ins Auge einer Blindschleiche zeigt beides: Sie sieht sehr wohl (obwohl das Auge nicht ihr wichtigstes Sinnesorgan ist) und sie blinzelt gelegentlich, was die lidlosen Schlangen mit ihrem berühmt-berüchtigten starren Blick nicht können.

Blindschleiche
Anguis fragilis

▸ Echsen
▸ L bis 45 cm
▸ April bis Oktober

Merkmale
Schlangenähnliche Echse; Körper drehrund, glatt; Schuppen klein und glänzend; Färbung sehr variabel, Oberseite grau oder braun oft mit Längsstreifen, Strich- oder Punktreihen.

Blindschleichen sind weniger als andere heimische Reptilien auf Wärme angewiesen. Nicht an heißen Trockenhängen, sondern im kühlen Schatten dichten Unterholzes sind sie unterwegs, oft in der Dämmerung und selbst bei Regen. Auch bei der Fortpflanzung verlassen sie sich nicht auf die wärmende Kraft der Sonne. Sie legen keine Eier, sondern bekommen lebende Junge. Meist sind es etwa acht bis zwölf Kinder von knapp 10 cm Länge, die während der Geburt ihre Eihüllen abstreifen. 50 Jahre alt können sie werden. Das schaffen aber nur wenige, denn sie haben viele Feinde. Auch der Mensch gehört dazu: Als vermeintliche Schlangen werden viele Schleichen erschlagen. Andere fallen dem Rasenmäher oder Nachbars Katze zum Opfer. Kleiner Ausgleich: „Schmuddelecken" mit Schlupfwinkeln unter Holz und Steinen im Garten.

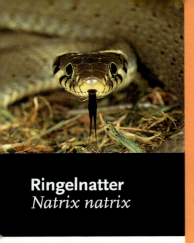

Ringelnatter
Natrix natrix

- Schlangen
- L ♂ 70 – 100 cm, ♀ 85 – 180 cm
- April bis Oktober

Merkmale
Grundfarbe meist grau; Oberseite mit kleinen dunklen Flecken, in Mitteleuropa gelbe Halbmonde im Nacken; Auge groß, mit runder Pupille.

Bei Schlangen mit gelben Halbmonden droht keinerlei Gefahr

Giftig oder harmlos? Obwohl auch die heimischen Giftschlangen nicht aggressiv sind, sondern ihr Heil gewöhnlich in der Flucht suchen, bewegt diese Frage viele Beobachter. Bei der Ringelnatter genügt ein Blick. An der typischen Kopfzeichnung ist sie leicht zu erkennen.

Die **Ringelnatter** ist nicht selten, ist aber selten zu sehen. Sie ist sehr scheu und verschwindet sofort in einem Schlupfwinkel. Ist es dazu zu spät, scheidet sie zur Abwehr eine stark stinkende Flüssigkeit aus oder stellt sich tot. Den Bauch nach oben gedreht erschlafft sie, die Zunge hängt weit aus dem Maul, aus dem blutiger Speichel tritt. Am ehesten begegnet man den großen Schlangen in Wassernähe. Ringelnattern schwimmen und tauchen sehr gut. Oft verrät nur der kleine, über Wasser gehaltene Kopf und eine dreieckige Kiellinie die Schlange. Frösche, Molche und Fische gehören zu ihrer Beute. Im Sommer legen die Weibchen bis zu 50 längliche, pergamentschalige Eier an feucht-warmen Stellen in verrottenden Pflanzen. Überwintert wird in frostfreien Erdverstecken.

Hochzeitsritual unter Wasser: der Tanz der bunten Molche

Prächtig sieht der Molch-Mann aus, wenn er seiner Auserwählten die Breitseite zeigt, um ihre Aufmerksamkeit zu erregen. Gelingt ihm das, beginnt er, schnell mit dem nach vorne geschlagenen Schwanz zu vibrieren und ihr mit Duftstoffen angereichertes Wasser zuzufächeln.

Teichmolch
Triturus vulgaris

Der **Teichmolch** setzt dieses Vorspiel fort, bis das Weibchen folgt. Schnauze an Schnauze bewegen sie sich nun langsam rückwärts. Schließlich setzt das Männchen mehrere Samenpakete ab, die dann vom Weibchen mit der Geschlechtsöffnung aufgenommen und gespeichert werden. Die Spermien bleiben monatelang befruchtungsfähig und genügen vollauf für die 200 bis 300 Eier, die das Molchweibchen einzeln in die Blättchen von Wasserpflanzen einfaltet. Molchlarven atmen mit den deutlich sichtbaren, büschelförmigen Kiemen; anders als bei Kaulquappen erscheinen zuerst die Vorderbeine, dann erst die Hinterbeine. Mit der Umstellung auf Lungenatmung (in warmem Wasser nach etwa sechs bis acht Wochen) können sie das Wasser verlassen. Erst nach zwei bis drei Jahren kehren die „Landmolche" (Foto oben) wieder zur Paarungszeit ins Wasser zurück.

- Schwanzlurche
- L 6 – 11 cm
- März bis Oktober

Merkmale

Männchen (Foto unten) im Frühjahr oben braun mit dunklen Flecken, Bauch orange; Zackenkamm vom Kopf bis zur Schwanzspitze; Weibchen blasser.

Feuersalamander
Salamandra salamandra

- Schwanzlurche
- L bis 20 cm
- März bis Oktober

Merkmale
Plump; langer, runder Schwanz; breiter Kopf mit großen Ohrdrüsen; Oberfläche mit Querwülsten, feucht, glänzend lackschwarz mit gelben Flecken, Streifen oder Bändern.

Das „Regenmännchen" geht gern bei schlechtem Wetter spazieren

Wer Feuersalamander beobachten will, sollte an einem warmen Abend bei strömendem Regen in einen Laubwald gehen. Dann kommen die Regenmännchen aus ihren Verstecken. Bedächtig Fuß vor Fuß setzend suchen sie nach Nahrung: Schnecken, Würmer, Tausendfüßer.

Feuersalamander haben wenig natürliche Feinde. Ihr starkes Hautgift schreckt wirkungsvoll ab. Die im Tierreich auch an anderen Stellen bewährte schwarzgelbe Warnfarbe ist ein eindeutiges Signal an jeden, der damit schon einmal schlechte Erfahrungen gemacht hat. Nur wir Menschen haben wieder falsch verstanden: Der Feuersalamander mit seinen flammend gelben Flecken verdankt seinen Namen dem alten Aberglauben, er lösche, ins Feuer geworfen, die Glut. Wie fast alle heimischen Amphibien haben auch Feuersalamander wasserlebende Larven. Sie werden nach einer Tragzeit von acht Monaten im Frühjahr ins klare Wasser kleiner Waldbäche hinein geboren. Etwa vier Monate später werden sie zu Landtieren, die, wenn alles gut geht, noch nach über 20 Jahren durch den regennassen Wald marschieren.

Gefahrvolle Frühjahrswanderung zum eigenen Geburtsort

Dort, wo sie selbst einmal Kaulquappen waren, sollen auch die eigenen Kinder zur Welt kommen. Auch noch aus dem kilometerweit entfernten Wald watscheln die Erdkröten, von einem untrüglichen Instinkt geleitet, zum Heimatgewässer.

Erdkröte
Bufo bufo

- Froschlurche
- L ♂ 9 – 10 cm, ♀ 11 – 15 cm
- März bis Oktober

Merkmale

Plump, mit kurzen Beinen; Färbung braun mit goldenen Augen; Haut höckerig und warzig; Kopf breit mit auffallenden Drüsenhöckern; Weibchen größer und massiger.

Erdkröten scheuen dabei weder Gefahren noch Hindernisse. Fatal wird ihre Geburtsorttreue, wenn Straßen zwischen Wald und Teich verlaufen. Nur das Engagement von Naturschützern, die den Tieren über die Straße helfen, verhindert dann, dass ganze Populationen platt gefahren auf dem Asphalt enden. Schlimmer noch, wenn die angestrebte Wasserstelle inzwischen zugeschüttet wurde... Erdkröten-Männchen reisen gerne bequem. Sie versuchen schon auf dem Weg eines der sehr viel kräftigeren Weibchen abzupassen, steigen ihm auf den Rücken und umklammern es fest. Im Weiher angekommen, haben sie schon eine „feste Beziehung" und damit bessere Paarungschancen. Während das Weibchen die beiden 3 – 5 m langen Laichschnüre ausstößt, werden sie vom Männchen besamt. Wenig später geht's zurück in den Wald.

Teichfrosch
Rana esculenta

- Froschlurche
- L ♂ bis 12 cm, ♀ bis 9 cm
- März bis Oktober

Merkmale
Häufigster heimischer Wasserfrosch; Grundfarbe meist grün, mit gelblichen oder hellgrünen Rückenstreifen und schwarzen Flecken; beim Quaken zwei auffallende Schallblasen.

Äußerst verwickelte Verwandtschaftsbeziehungen

Auf den ersten Blick scheint es einfach: Ein grüner Frosch, der sein Quaken durch zwei große weiße Schallblasen verstärkt und laute Froschkonzerte veranstaltet, ist ein Wasserfrosch. Der Kenner unterscheidet an Färbung, Maßen und Rufen bei uns aber schon drei „Arten".

Teichfrosch, Kleiner Wasserfrosch und Seefrosch heißen die drei. Erst seit wenigen Jahren ist bekannt, dass sich hinter den drei Namen nur zwei „echte" Arten verbergen. Ausgerechnet der häufigste und ökologisch flexibelste Grünfrosch, der Teichfrosch, erwies sich als eine Mischung aus den beiden anderen. Teichfrösche unter sich können sich nicht fortpflanzen. Sie brauchen immer eine der Elternarten, also Seefrosch oder Kleinen Wasserfrosch, um eine neue Generation zu erzeugen. Kreuzen sich Teichfrösche mit Seefröschen, geben sie nur die „Kleine-Wasserfrosch-Gene" aus ihrem Erbgut weiter; ist der Partner ein Kleiner Wasserfrosch, vererben sie die „Seefrosch-Gene". Alle drei Wasserfrösche aber tragen ihren Namen zu Recht: Sie verbringen einen großen Teil ihres Leben im feuchten Element.

Der Wald-und-Wiesen-Frosch steigt zum Laichen schon früh ins Wasser

Früher als andere Lurche bekommt der Grasfrosch Frühlingsgefühle. Schon im Februar – manchmal überzieht morgens noch eine dünne Eisschicht die Teiche – trifft er sich mit seinesgleichen. Kein lautes Quaken ertönt, nur ein leises Knurren verrät die balzenden Männchen.

Grasfrosch
Rana temporaria

▶ Froschlurche
▶ L 7 – 9 cm (max. 11 cm)
▶ Februar bis Oktober

Merkmale
Großer, überwiegend braun gefärbter „Landfrosch" mit kurzer stumpfer Schnauze; immer mit deutlichem dunklen Fleck um das Trommelfell hinter dem Auge.

Grasfrösche verbringen den überwiegenden Teil ihres Lebens allerdings außerhalb des Wassers. In einem Umkreis von etwa 1 km um ihren Geburtsteich leben sie in vielen kühlen und schattigen Lebensräumen, seien es Wälder, Streuobstwiesen, Niedermoore, Talauen oder verwilderte Gärten. Insekten, Spinnen, Asseln und Schnecken landen in ihrem breiten Maul. Umgekehrt gibt es natürlich auch viele Froschliebhaber. Nicht nur der Storch, sondern auch zahlreiche andere Vögel, Ringelnattern, Iltisse und Wildschweine haben Frösche (und nicht nur ihre Schenkel) zum Fressen gern. Gut, dass Grasfrösche für genügend Nachwuchs sorgen: Bis zu 4500 Eier enthält der große Laichballen eines Weibchens. Das genügt, auch wenn natürlich längst nicht alle zu erwachsenen Fröschen werden.

Fische

„Der fühlt sich wohl wie ein Fisch im Wasser" – für die Fische selbst gilt der klassische Vergleich nicht mehr. Kein anderer Lebensraum wurde so stark verändert wie der dieser Wasser-Wirbeltiere. In ganz Europa gibt es kaum noch einen Fluss, der nicht zu Stromgewinnung, Schifffahrt oder Hochwasserschutz verbaut wurde, vom Missbrauch vieler Gewässer als Abwasserrinnen ganz zu schweigen. So wundert es nicht, dass zahlreiche Fischarten extrem gefährdet sind. Viele Fische reagieren sehr empfindlich auf eine Änderung von Wassertemperatur, Strömungsgeschwindigkeit, Sauerstoffgehalt, Untergrund oder Wasserpflanzenbestand. Sie sind so typisch für bestimmte Umweltverhältnisse, dass Gewässerabschnitte sogar nach ihren Leitfischen benannt werden. Auf die Forellenregion im sprudelnden Oberlauf folgen flussabwärts die Äschen-, die Barben- und die Brachsenregion. Einen Fisch zu erkennen, ist nicht schwierig; die einzelnen Arten aber sind nicht immer leicht auseinander zu halten. Färbung, Körperform sowie Zahl und Anordnung der Flossen sind wichtige Bestimmungsmerkmale.

Nur in sauberen Bächen so munter wie ein Fisch im Wasser

Als „Forellenregion" wird der Oberlauf kleiner Bäche und Flüsse bezeichnet. Hier herrscht turbulente Strömung, so dass sich kein Schlamm ablagern kann. Das ganze Jahr ist das Wasser sauber, glasklar, kalt und reich an Sauerstoff.

Bachforelle
Salmo trutta f. fario

- Lachse
- L 25 – 40 cm (max. 80 cm)
- G bis 1,5 kg (max. 9 kg)

Merkmale
Schnittige Stromlinienform; wie alle Lachsverwandte kleine Fettflosse zwischen Rücken- und Schwanzflosse; Oberseite mit dunklen Flecken, seitlich rote Flecke mit hellem Rand.

Die **Bachforelle** ist die „Leitart" einer Lebensgemeinschaft, zu der auch andere Fischarten wie Groppe und Bachschmerle gehören. Sie alle ernähren sich überwiegend von Kleinkrebsen und den zahlreichen Insektenlarven, die dort leben. Um vom schnell strömenden Wasser nicht verdriftet zu werden, stehen Bachforellen meist mit dem Kopf gegen die Strömung. Wenn sie nicht gerade auf entgegenkommende Nahrung lauern, stehen sie im „Windschatten" hinter Steinen oder unter überhängendem Wurzelwerk. Der leckere Speisefisch wurde und wird auch im Mittellauf vieler Flüsse ausgesetzt; dort fühlt er sich aber oft nicht richtig wohl. Fortpflanzen kann sich die Bachforelle jedenfalls nur dort, wo sie ihre Eier (Foto oben) in einem von sauerstoffreichem Wasser durchströmten, unverschlammten Kiesbett ablegen kann.

Anpassungsfähiger Kulturfolger im Einheitsgewässer

Ursprüngliche Lebensräume der Rotaugen sind pflanzenbewachsene Uferzonen nährstoffreicher Gewässer. Überdüngung (Eutrophierung) und Flussausbau durch Wehre und Staustufen, für viele Fischarten eine Katastrophe, haben für das Rotauge ihre positiven Seiten.

Rotauge, Plötze
Rutilus rutilus

- Karpfenfische
- L bis 25 cm (max. 40)
- G bis 200 g (max. 1 kg)

Merkmale
Silbrig glänzend, mit rotem Augenring und roten Flossen; Jungfische schlank, Alttiere hochrückiger; Männchen im Frühjahr mit grauweißen Pusteln („Laichausschlag").

Rotaugen gehören vielerorts zu den häufigsten Fischen. Oft kann man große Schwärme im flachen Wasser der Uferregion von Seen, Weihern und größeren (oder angestauten) Fließgewässern schwimmen sehen. Dabei halten sich größere Fische weiter vom Ufer entfernt. Die Nacht verbringen viele Plötzen mitten im See. Angler schätzen die Rotaugen als wichtige „Durchgangsstation". Sie ernähren sich von Kleintieren (Insektenlarven, Schnecken, kleinen Krebsen) und Wasserpflanzen und dienen wiederum wirtschaftlich interessanten größeren Arten wie Hecht oder Zander als hauptsächliche Beute. Im Frühjahr (April bis Juni) treffen sich die Plötzen in turbulenten Laichgemeinschaften. Jedes Weibchen legt bis zu 100 000 millimetergroße Eier an Pflanzen und Steine.

Als Fastenspeise seit dem Mittelalter heimisch

Die Heimat des Karpfens scheint Asien zu sein. Wann und wie er nach Europa kam, ist umstritten. Knochenfunde in vorgeschichtlichen Siedlungen lassen vermuten, dass wilde Karpfen Süddeutschland über die Donau aus eigener Kraft erreichten.

Karpfen
Cyprinus carpio

▸ Karpfenfische
▸ L bis 40 cm (max. 100)
▸ G bis 1 kg (max. 30 kg)

Merkmale
Hochrückig, mit langer Rückenflosse; großes, vorstülpbares Maul mit zwei längeren und zwei kurzen Barteln; Zuchtformen ganz oder teilweise schuppenlos.

Karpfen wurden später in großem Maßstab importiert. Kein Kloster ohne Teiche, in denen die Fastenspeise für die „fleischlosen" Freitage gezüchtet wurde. Bis heute haben solche Teichwirtschaften große ökonomische Bedeutung. Darüber hinaus wurden Karpfen auch in vielen Seen und größeren Flüssen angesiedelt. In stehenden Gewässern mit weichem Bodengrund und reichem Pflanzenbestand fühlen sie sich besonders wohl. Allerdings mögen sie's gerne warm. Um in Laichstimmung zu kommen, sollte das Wasser schon 18 – 20 Grad haben, was bei uns nur im Hochsommer erreicht wird. In kühleren Gebieten gibt es Karpfen nur, weil Angler regelmäßig Jungfische aussetzen. Tagsüber verstecken sich Karpfen an tieferen Stellen, unter Uferböschungen oder zwischen Pflanzen. Sie gelten als schlau und schwer zu fangen.

Hecht
Esox lucius

▸ Hechte
▸ L ♂ bis 90 – 100 cm, ♀ bis 150 cm
▸ G bis 20 kg

Merkmale
Schnittige Torpedoform; großer Kopf mit breiter Schnauze; Rücken- und Afterflosse weit hinten; Rücken bräunlich-grün mit dunklen Querbinden.

Der „Löwe" unter den Fischen – vor seinem großen Maul ist keiner sicher

Reglos steht der große Hecht im Schilf, durch seine Färbung hervorragend getarnt. Erst als ein Rotauge vorbeizieht, explodiert das Kraftpaket. Blitzschnell beschleunigt der Hecht, schnappt von der Seite zu und verschluckt die Beute mit dem Kopf voran.

Hechte sind Überraschungsjäger. Entflieht ein Opfer ihrem schnellen Angriff, jagen sie ihm nicht nach, sondern lauern auf die nächste Chance. Haben sie aber zugeschnappt, entkommt kaum einer den kräftigen, nach hinten geneigten Zähnen. Hechte können erstaunlich große Beute überwältigen, nicht nur Fische, sondern auch Frösche, Wasservögel und kleine Säugetiere. Als „Raubfische" haben die schlanken Jäger keinen guten Ruf. Da Hechte aber als Einzelgänger leben, die auch ihresgleichen fressen, sind sie unter natürlichen Bedingungen zwar weit verbreitet, aber nicht besonders häufig. Mancher „Hecht im Karpfenteich" wird sogar absichtlich eingesetzt, um kranke und schwache Tiere aus Fischzuchten auszulesen. Nebenbei ist auch der Hecht selbst ein vorzüglicher Speisefisch.

Hochzeitsbett und Kinderstube am Gewässergrund

Stichlinge gehören zu den kleinsten heimischen Fischen. Sie leben in Wassergräben, Tümpeln und Teichen ebenso wie in Altarmen großer Flüsse zwischen Wasserpflanzen. Berühmt wurde der Stichling durch sein einzigartiges Balzritual.

Dreistachliger Stichling
Gasterosteus aculeatus

▸ Stichlinge
▸ L 5 – 8 cm
▸ G ca. 3 g

Merkmale
Klein, mit weit hinten ansitzender Rücken- und Afterflosse; drei bewegliche Stacheln auf dem Rücken; Flanken mit großen Knochenplatten; Männchen mit auffälligem Balzkleid.

Dreistachlige Stichlinge leben im Winter in kleinen Schwärmen. Im Frühjahr ist Schluss mit der Gemeinsamkeit: Die Männchen bekommen jetzt einen leuchtend roten Bauch und gründen Reviere, die sie gegen Rivalen heftig verteidigen. Am Boden beginnen sie wenig später mit dem Nestbau. Zunächst wird eine kleine Mulde im Kies ausgehoben, dann ein röhrenförmiges Nest aus Pflanzenteilen mit Ein- und Ausgang gebaut. Jetzt fehlt nur noch die Frau: Schlanke Weibchen sind nicht gefragt, schwimmt aber ein dickes, laichreifes her, wird es heftig umworben (Foto unten) und schließlich ins Nest bugsiert. Dort laicht es ab. Gleich anschließend besamt das Männchen die Eier und wandelt sich zum Säuglingspfleger. Es fächelt mit den Brustflossen frisches Wasser herbei und bewacht die frisch geschlüpften Jungen noch tagelang.

Wirbellose Tiere

Die weit überwiegende Mehrzahl aller Tierarten der Erde gehört zu dieser Gruppe. Spitzenreiter unter den Wirbellosen sind wiederum die Gliederfüßer, meist kleine Tiere mit einem harten Außenskelett und – der Name verrät es schon – gegliederten Beinen. Dazu gehören Krebse, Spinnen, Tausendfüßer und Insekten. Die Beinzahl kann variieren: Alle Insekten haben sechs, Spinnentiere acht, Tausendfüßer viel mehr (wenn auch keine tausend). Die Insekten sind, an ihrer Artenzahl gemessen, weltweit die erfolgreichste Tiergruppe überhaupt. An zweiter Stelle stehen die Weichtiere, zu denen zum Beispiel Muscheln und Schnecken gehören. Die Schnecken besiedeln Meere, Süßwasser und Festland in großer Vielfalt. Viele Arten können ihren weichen Körper bei Gefahr in ein spiralig gedrehtes Gehäuse aus Kalk zurückziehen. Ein weiteres wichtiges Schneckenmerkmal ist nicht so leicht zu sehen: ihre Reibeisenzunge, mit der sie die verschiedensten Nahrungsquellen nutzen können. Schließlich stellen wir noch einen Vertreter der aus zahlreichen mehr oder weniger gleichartigen Abschnitten aufgebauten Ringelwürmer vor, den allbekannten Regenwurm.

Fast unsichtbar lauert die Gefahr in der Blüte

Alle Spinnen sind „Raubtiere", aber nicht alle bauen ein Netz. Die Krabbenspinne lauert Insekten auf, die Blüten wegen ihres Nektars oder Pollens besuchen. Haben sie Pech, landen sie in den weit ausgebreiteten Armen der Spinne.

Veränderliche Krabbenspinne
Misumena vatia

- Spinnentiere
- L ♂ 3 – 5 mm, ♀ 7 – 11 mm
- Mai bis Juli

Merkmale
Vier Beinpaare, die beiden vorderen sehr lang; Weibchen gelb, weiß oder grünlich, auf dem Hinterleib oft mit roten Längsstreifen; Männchen viel kleiner und dunkler gefärbt.

Krabbenspinnen heißen so, weil sie, wie Krabben, seitwärts laufen. Die Veränderliche Krabbenspinne verdankt ihren Namen der Fähigkeit, ihre Farbe (in bestimmtem Rahmen) der Blütenfarbe anzupassen. Das dauert zwar jeweils ein paar Tage, aber die Spinne wechselt ihren Standort auch nicht sehr häufig, sondern bleibt lieber auf der einmal gewählten Pflanze. So getarnt ist sie tatsächlich schwer zu entdecken und die Blütenbesucher nähern sich der Falle völlig arglos. Die Krabbenspinne schafft es sogar, so wehrhafte Insekten wie Bienen zu erlegen. Blitzschnelles Zupacken und ein Giftbiss lassen der Beute keine Zeit, zu flüchten oder sich zu wehren. Anschließend wird das Innere des Opfers durch Verdauungssäfte verflüssigt und ausgesaugt.

Die perfekte Fliegenfalle: ein hauchzartes Netz aus Seide

Unübertroffen stabil und elastisch zugleich ist der aus 600 Einzelfäden bestehende und doch nur drei zehntausendstel Millimeter starke Seidenfaden, den die Kreuzspinne mithilfe ihrer Spinndrüsen an der Spitze des Hinterleibs herstellt.

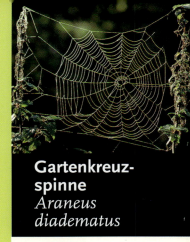

Gartenkreuzspinne
Araneus diadematus

- Spinnentiere
- L ♂ 5 – 9 mm, ♀ 10 – 18 mm
- August bis Oktober

Merkmale
Vier Beinpaare; Grundfärbung gelb, orange, rot oder schwarzbraun; dicker Hinterleib mit aus weißen Flecken zusammengesetzter Kreuzzeichnung.

Kreuzspinnen bauen ihr großes Radnetz nach einem streng festgelegten Plan. Zunächst lässt die Spinne einen Faden austreten und vom Winde verwehen. Hat er Halt gefunden, hangelt sie bis zur Fadenmitte und seilt sich ab. So entsteht zunächst ein Y als Grundgerüst. Anschließend werden Rahmenfäden und weitere Speichen eingezogen und schließlich eine vom Mittelpunkt ausgehende provisorische Spirale angebracht. Die eigentliche Fangspirale, mit klebrigen Tröpfchen versehen, verläuft dann von außen nach innen. Bei ihrer Herstellung wird die Hilfsspirale gefressen. Im Zentrum des Rads sitzend wartet die Spinne jetzt auf Beute. Sobald sich ein Insekt in den klebrigen Fäden verheddert, rennt sie herbei, wickelt die Beute blitzschnell ein und tötet sie durch einen giftigen Biss. Dann wird das Netz renoviert.

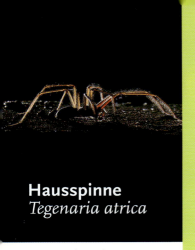

Hausspinne
Tegenaria atrica

- Spinnentiere
- L ♂ 10 – 15 mm, ♀ 12 – 18 mm
- ganzjährig

Merkmale
Vier Beinpaare; eine der größten heimischen Spinnen; sehr langbeinig; stark behaart; dunkel gefärbt, mit hellerer Fleckenzeichnung auf dem Hinterkörper.

Verfemt und verfolgt – unser achtbeiniger Hausgenosse

Bis zu 7 cm Bein-Spannweite hat die weibliche Hausspinne. Die Männchen sind, wie bei Spinnen üblich, etwas kleiner. Normalerweise kreuzen sich unsere Wege kaum, selbst wenn wir dasselbe Haus bewohnen. Sie sind nämlich weitgehend nachtaktiv.

Wenn **Hausspinnen** es allerdings nicht rechtzeitig zurück in ihre Schlupfwinkel schaffen, treffen sie oft auf wenig Verständnis. Das passiert vor allem dann, wenn ein Männchen bei einem nächtlichen Jagdzug oder auf der Suche nach Weibchen versehentlich in die Badewanne gefallen ist, an deren glatter Oberfläche es sich nicht festhalten kann. Groß, dunkel, haarig und mit schnellen Bewegungen gelten Hausspinnen meist als eklig oder sogar Angst erregend. Schenken wir ihnen die Freiheit, statt sie in den Abfluss zu spülen, erhalten wir uns die Arbeitskraft einer tüchtigen Insektenjägerin. Weibliche Hausspinnen können immerhin sieben bis acht Jahre alt werden – und bleiben fast die ganze Zeit in ihrem in Winkel und Ecken gebauten, aus einer Wohnröhre und einer Fangfläche bestehenden Trichternetz.

Acht Augen und enorme Sprungkraft

Vier ihrer Augen schauen nach vorn, vier nach seitlich und oben. Damit hat die Spinne einen Panoramablick von 300 Grad. Besonders leistungsfähig sind die beiden mittleren Vorderaugen, die, groß wie Scheinwerfer, das Gesicht der Spinne prägen.

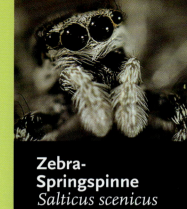

Zebra-Springspinne
Salticus scenicus

- Spinnentiere
- L ♂ bis 5 mm, ♀ 5 – 7 mm
- April bis Oktober

Merkmale

Vier Beinpaare; ziemlich klein, Körper schwarz-weiß quergestreift; Beine kurz und kräftig, hell und dunkel gestreift; Männchen mit lang vorgestreckten Giftkiefern.

Springspinnen sind Augentiere. Im Gegensatz zu vielen anderen Spinnen, die ihre Umwelt vor allem über einen hervorragenden Tastsinn erfassen, ist bei ihnen der Gesichtssinn von besonderer Bedeutung. Durch Dressurversuche konnte belegt werden, dass sie nicht nur Formen sehr gut sehen, sondern sogar Farben unterscheiden können. Scharf gestellt wird durch Muskeln, die die Netzhaut der großen Mittelaugen bewegen. Jagdreviere der Zebra-Springspinnen sind Hauswände, Felsen oder Mauern; auch im Haus trifft man die kleinen Hüpfer gelegentlich. Aus einem Umkreis von etwa 40 cm pirschen sie sich langsam an ihre Beute heran. Den letzten Zentimeter überwinden sie mit einem blitzschnellen Sprung. Sollten sie ihre Beute mal verfehlen, verhindert ein Sicherheitsfaden den Absturz.

Gemeiner Holzbock, Zecke
Ixodes ricinus

- Spinnentiere
- L ♂ 5 – 11 mm, ♀ 2,5 mm
- März bis Oktober

Merkmale
Vier Beinpaare; sehr flacher Körper; Weibchen mit hartem Rückenschild auf dem Vorderkörper und rotbraunem Hinterleib; auffällige Mundwerkzeuge; Augen fehlen.

Als Blutsauger und Krankheitsüberträger gefürchtet

Fast ein Jahr hat das Zeckenweibchen gehungert und auf diese Gelegenheit gewartet. Kleine Erschütterungen und leichter Schweißgeruch kündigen das große Ereignis an. Wenig später streift ein Hosenbein den Grashalm, auf dessen Spitze sie lauert. Sofort steigt sie um.

Die **Zecke** arbeitet sich krabbelnd zur nackten Haut durch. Dort bohrt sie ihren Rüssel ein und beginnt zu saugen. Sie widmet sich ihrer Blutmahlzeit mit Hingabe. Eine gute Woche später erst ist sie voll gesaugt und doppelt so groß. Nun lässt sie sich fallen und legt am Erdboden 1000 bis 3000 Eier. Die sechsbeinigen Larven, die nach vier bis zehn Wochen schlüpfen, brauchen ebenfalls eine Blutmahlzeit; erst dann häuten sie sich zu den achtbeinigen Nymphen, die wieder Blut brauchen, um erwachsen zu werden. Wer im Frühjahr viel in unterholzreichen Wäldern unterwegs ist, tut gut daran, sich nach Spaziergängen gründlich abzusuchen. Der Blutverlust durch Zecken ließe sich ja noch verschmerzen. Gefährlich aber sind die durch die Parasiten übertragene Krankheiten wie Hirnhautentzündung und Borreliose.

Lichtscheuer und schneller Bodenjäger mit giftigem Biss

Im Lückensystem der obersten Humusschicht des Bodens, unter Blättern, alten Brettern oder Steinen fühlt er sich wohl. Hier lauert er auf Beute: Insektenlarven, Asseln, kleine Würmer und junge Schnecken. Nachts kann man dem Steinläufer auch oberirdisch begegnen.

Brauner Steinläufer
Lithobius forficatus

- Hundertfüßer
- L 18 – 32 mm
- ganzjährig

Merkmale
Sehr beweglicher, abgeflachter Körper aus zahlreichen Segmenten; Kopf mit langen Fühlern und Giftklauen; 15 Beinpaare, letztes Beinpaar nach hinten gestreckt.

Steinläufer sind ungemein flink und beweglich. Fühlen sie sich beunruhigt, verschwinden sie mit schnellen Schritten ihrer 28 an der Fortbewegung beteiligten Beine und schlängelndem Körper sofort in den schmalsten Ritzen und Spalten. Das 15. Beinpaar dient zum Greifen, zum Beispiel während des komplizierten Paarungsspiels. Wichtigste Sinnesorgane sind ihre langen Fühler, die dauernd in Bewegung sind. Steinkriecher sind Fleischfresser. Ihre Beutetiere erhalten durch die kräftigen Kieferklauen eine Giftinjektion und sterben einen schnellen Tod. Auch für Menschen ist der Biss des Steinläufers unangenehm, wenn auch nicht so schmerzhaft wie der seiner großen Verwandten, der Skolopender aus dem Mittelmeergebiet oder den Tropen.

1000 Füße hat kein Tausendfüßer – der Rekord steht bei 700

Um diesen Bein-Rekordler zu beobachten, muss man allerdings nach Kalifornien fahren. Die längsten heimischen Tausendfüßer kommen „nur" auf gut hundert Beinpaare. Anders als die räuberischen Hundertfüßer sind sie Pflanzenfresser.

Schnurfüßer
Julidae

- Tausendfüßer
- L meist 20 – 40 mm
- ganzjährig

Merkmale
Langer, im Querschnitt drehrunder Körper; Chitinpanzer durch Kalkeinlagerung sehr hart; zahlreiche Segmente mit je zwei Beinpaaren; kurze Fühler.

Schnurfüßer sind wie alle Tausendfüßer vor allem in der Streuschicht von Laubwäldern häufig. Dort spielen sie eine große Rolle beim Recycling, der Zersetzung organischer Reste also. Im Gegensatz zu den wuseligen Hundertfüßern sind die Doppelfüßer (so genannt, weil sie zwei Beinpaare pro Körperring haben) nur langsam zu Fuß. Ihr Körper schlängelt sich nicht, sondern bleibt gerade; von hinten nach vorne verlaufende Bewegungswellen der kurzen Beine schieben ihn vorwärts. Bei Gefahr rollen sich Tausendfüßer zu einer Spirale ein und schützen so ihre Beine. Zusätzlich scheiden Wehrdrüsen giftige Sekrete aus, die abschreckend wirken. Junge Tausendfüßer schlüpfen übrigens meist sechsbeinig aus dem Ei. Bei jeder Häutung kommen neue beintragende Segmente dazu.

Die kleinen Krebse auf Landgang atmen mit den Beinen

Während die Beine der Brustsegmente zum Laufen da sind (wie es sich für Beine eigentlich gehört), sind die des Hinterleibs zweckentfremdet. Zu dachziegelartig übereinander liegenden Platten umgebildet, dienen sie der Atmung.

Kellerassel
Porcellio scaber

Bei der **Kellerassel** übernehmen Hohlräume in den ersten beiden Beinpaaren des Hinterleibs die Aufgabe von Lungen. Weil sie mit Luft gefüllt sind, erscheinen sie weiß und sind (beim lebenden Tier) deutlich zu erkennen. Zusätzlich arbeiten die Hinterleibsbeine aber auch als Kiemen. Ein spezielles Wasserleitungssystem hält ihre Oberfläche feucht und ermöglicht dadurch die Atmung. Kellerasseln sind vorbildliche Mütter: Ihre Eier, die sich im Trockenen nicht entwickeln können, werden in einer stets gut bewässerten Bruttasche am Bauch aufbewahrt. Erst nach vielen Tagen schlüpfen die Jungen und verlassen, als kleine Ebenbilder ihrer Eltern, diese Bruttasche. Kellerasseln haben also zahlreiche höchst raffinierte Anpassungen, die diese kleinen Krebstiere zu echten Landbewohnern werden ließen.

▸ Krebstiere
▸ L bis 18 mm
▸ ganzjährig

Merkmale
Körper abgeflacht, aus Segmenten bestehend, Kopf mit mehrgliedrigen Fühlern; Brust aus sieben Segmenten mit je einem Beinpaar; Hinterleib kurz.

Silberfischchen, Zuckergast
Lepisma saccharina

- Insekten, Fischchen
- L bis 11 mm
- ganzjährig

Merkmale
Körper lang, abgeplattet, sehr beweglich, silbrig beschuppt; zwei lange Fühler, drei lange Schwanzanhänge; Augen sehr klein.

Wo der Zuckergast wohnt, ist die Welt noch in Ordnung

Silberfischchen sind wärmeliebend und deshalb in unseren Breiten fast nur in Häusern unterwegs. An feuchten Stellen können sie sich dort stark vermehren und gelten manchen als Schädlinge. Lästig werden sie allerdings nur bei Massenauftreten an Vorräten.

Wer **Silberfischchen** im Haus hat, sollte sich eher freuen. Sie sind nämlich sehr empfindlich gegen Umweltgifte, die zum Beispiel aus Balken, Möbeln oder Bodenbelägen ausdünsten können. Als lebende Messgeräte zeigen sie uns: Die Luft ist rein. Überdies begegnet man den lichtscheuen, flügellosen Ur-Insekten nur selten. Meist verschwinden sie sofort hinter Fußleisten, sobald es hell wird. Nachts kommen sie dann aus den Ritzen. Erstaunlich schnell huschen sie über den Boden. Gefressen werden verschiedene organische Substanzen. Ihrer Vorliebe für Kohlenhydrate verdanken sie den Namen „Zuckergast". Silberfischchen können immerhin einige Jahre alt werden. Bei der Paarung übergibt das Männchen dem Weibchen in einem komplizierten Ritual ein Samenpaket. Die Eier werden dann einzeln in Ritzen abgelegt.

Vierflügler mit zehn Zentimeter Spannweite

Libellen treiben alle Flügeln mit getrennten Muskeln an, so dass die vier Tragflächen völlig unabhängig voneinander bewegt werden können. Das macht viele Libellenarten zu vollendeten Flugkünstlern, die Rückwärts- und Seitwärtsbewegungen ebenso beherrschen wie den Segelflug.

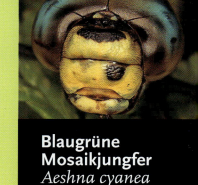

Blaugrüne Mosaikjungfer
Aeshna cyanea

- Insekten, Libellen
- L 65 – 80 mm
- Juni bis November

Merkmale
Sehr groß, mit riesigen Augen; Flügel nie gefaltet oder angelegt; langer Hinterleib mit schwarz-grün-blauer (Männchen) oder schwarz-grüner (Weibchen) Zeichnung.

Die **Blaugrüne Mosaikjungfer** gehört zu den größten heimischen Libellenarten und zu denen, die sich am weitesten vom Wasser entfernen. Einen neu angelegten Gartenteich findet sie deshalb sofort. Oft jagt sie auch über sonnigen Waldwegen. Die großen, aus vielen tausend Einzelaugen zusammengesetzten Facettenaugen, die fast den ganzen Kopf einnehmen, sind ihre wichtigsten Sinnesorgane. Die langen Beine arbeiten als Fangkorb, mit dem fliegende Insekten ergriffen werden. Kräftige Kieferzangen besorgen den Rest... Giftig sind Libellen, einem landläufigen Vorurteil zum Trotz, nicht. Die Zangen am Hinterleibsende des Männchens dienen dazu, das Weibchen „am Kragen zu packen" – ein Vorspiel, das die eigentliche Paarung einleitet.

Im Wasser geboren, dem Wasser verbunden

Ähnlich gefärbt wie die Hufeisen-Azurjungfer sind eine ganze Reihe heimischer Kleinlibellenarten, die sich meist nicht weit vom Wasser entfernen. Vor allem Stillgewässer mit reicher Ufervegetation bieten Lebensräume für diese Libellen.

Hufeisen-Azurjungfer
Coenagrion puella

▸ Insekten, Libellen
▸ L 35 mm
▸ April bis September

Merkmale
Flügel oft zusammengelegt; Hinterleib schwarz und blau mit Hufeisen-Zeichnung auf dem zweiten Segment (Männchen) oder überwiegend schwarz (Weibchen).

Hufeisen-Azurjungfern paaren sich nach Libellenart im Rad: Das Männchen packt sein Weibchen hinter dem Kopf, worauf das Weibchen sich nach vorne krümmt und die an der Hinterleibsbasis des Männchens deponierten Samen aufnimmt. Auch später lockert das Männchen seinen Zangengriff nicht und begleitet, so angedockt, sein Weibchen bei der Eiablage. Die Eier werden mit Hilfe des Legeapparats in Wasserpflanzen eingestochen. Dabei verschwindet das Weibchen gelegentlich ganz im Wasser. Die Larven (Foto unten) sind räuberisch. Sie orientieren sich wie die erwachsenen Tiere überwiegend optisch und fangen ihre Beute mit blitzschnell sehr weit vorschnellenden Mundwerkzeugen. Im nächsten Frühjahr kriechen die Larven an einem Pflanzenstängel hoch und häuten sich ein letztes Mal. Aus dem Wassertier wird ein perfekter Flieger.

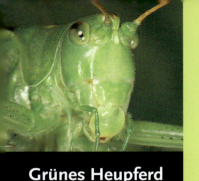

Grünes Heupferd
Tettigonia viridissima

- Insekten, Heuschrecken
- L 28 – 42 mm
- Juli bis Oktober

Merkmale
Sehr groß; lange Flügel, hinten lange Sprungbeine; grasgrün, meist mit bräunlichem Rücken; Fühler lang und dünn; Weibchen (Foto unten) mit langem Legebohrer.

Wiesen-Musik für zwei Flügel bei Tag und bei Nacht

Weithin hörbar sind die scharf zirpenden Strophen des Heupferds. Sie erklingen aus dem Gras ebenso wie von Bäumen. Je später der Abend, desto höher klettern die Sänger, um der kühlen Luft in Bodennähe zu entkommen.

Das **Grüne Heupferd** musiziert auf dem Flügel. Auf der Unterseite der Vorderflügel liegt eine kammartige Schrillleiste, die gegen eine Schrillkante am Vorderrand der Flügel gerieben wird. Auch wenn zwei solche Musikinstrumente da sind, benutzt das Heupferd nur eines: Stets liegt der linke Flügel oben. Wo Musik erklingt, braucht es auch Zuhörer. Die „Ohren" der Heupferde sitzen in den Vorderbeinen. Hinter kleinen Schlitzen verborgen liegen dort die Trommelfelle. Der lang anhaltende Gesang der Männchen dient nur einer Aufgabe: dem Anlocken paarungswilliger Weibchen. Diese haben einen langen Legebohrer, mit dem die Eier gleich tief in den Erdboden gebracht werden. Die jungen Heuschrecken gleichen ihren Eltern übrigens sehr. Voll ausgebildete Flügel erscheinen aber erst nach der letzten Häutung.

Jeder mit eigenem Konzertsaal vor der Wohnhöhle

Die Grille erscheint am Eingang ihres 30 – 40 cm tiefen, selbst gegrabenen Ganges. Keine Gefahr in Sicht – also schiebt sie sich Stück für Stück vollends heraus und steht nun mitten auf ihrem Vorplatz, einer kleinen, von Pflanzen befreiten Bühne für den großen Auftritt.

Feldgrille
Gryllus campestris

▶ Insekten, Heuschrecken
▶ L 20 – 26 mm
▶ Mai bis Juli

Merkmale
Schwarz, mit gelber Flügelwurzel; Körper kompakt, walzenförmig; Kopf auffallend dick und rund, Fühler lang.

Die **Feldgrille** gehört zu den berühmtesten Sängern der Tierwelt. 28 Muskeln arbeiten, gesteuert von einem benachbarten Nervenzentrum, in der Brust der Grille, um das berühmte Zirpen zu erzeugen, mit dem der Grillenmann ein Weibchen anzulocken hofft. Nähert sich eines, wird zunächst mit den Fühlern Kontakt aufgenommen. Bei gegenseitiger Sympathie geht das laute Zirpen in zarten Werbegesang über. Rivalen dagegen werden bekämpft und verjagt. Auch in dürre Grashalme, von „bösen Buben" vorsichtig in die Grillenhöhle gesteckt, verbeißen sich die Insekten oft so heftig, dass man sie herausziehen kann. Grillen findet man nicht überall. Als wärmeliebende Tiere leben sie am liebsten an Trockenhängen und südexponierten Wiesenrainen.

Gemeiner Ohrwurm
Forficula auricularia

▸ Insekten, Ohrwürmer
▸ L bis 20 mm
▸ ganzjährig

Merkmale
Flach und langgestreckt; Vorderflügel sehr kurz, Hinterflügel versteckt; am Hinterende zwei kräftige Zangen, beim Männchen stark gebogen, beim Weibchen parallel.

Weder Wurm noch sonderlich an Ohren interessiert

Vielleicht hat sich ja tatsächlich mal ein Ohrwurm in ein Ohr verirrt – schließlich lieben die braunen Krabbler Dunkelheit und enge Gänge. Aber Würmer sind sie ganz bestimmt nicht. Fühler, sechs Beine und ein harter Chitinpanzer kennzeichnen sie eindeutig als Insekten.

Der **Ohrwurm** muss noch mit weiteren Vorurteilen kämpfen. Die großen Zangen, die der beunruhigte „Ohrenzwicker" drohend erhebt, dienen zwar auch der Verteidigung. Aber sie können mehr. Mit ihrer Hilfe entfalten Ohrwürmer die höchst raffiniert fächerförmig verpackten Hinterflügel (allerdings können lange nicht alle fliegen; oft ist die Flugmuskulatur zurückgebildet). Noch wichtiger: Das Männchen muss sein Weibchen vor und während der Paarung damit in Stellung bringen. Auch beim Ergreifen von Beute sind die Zangen nützlich, und als (vom menschlichen Standpunkt aus) nützlich ist der Ohrwurm selbst zu bezeichnen, frisst er doch auf seinen nächtlichen Streifzügen auch viele Blattläuse. Mit umgedrehten, holzwollegefüllten Blumentöpfen als Tagquartieren können wir uns bedanken.

Rühr mich nicht an: Gelb und schwarz sind klassische Warnfarben

Am Mäuseloch herrscht heftiger Flugbetrieb. Laufend kommen Wespen an, zum Teil mit Beute beladen; andere verlassen den unterirdischen Bau. Der Eingang wird bewacht. Nähert sich jetzt Gefahr, alarmieren die Wächter per Duftstoff den ganzen Staat.

Gemeine Wespe
Paravespula vulgaris

▸ **Insekten, Hautflügler**
▸ **L 11 – 12 mm (max. 19 mm)**
▸ **April bis Oktober, Königin ganzjährig**

Merkmale
Körper und Beine schwarz und gelb; Fühler lang, schwarz; Flügel in Ruhe längs zusammengelegt und dadurch sehr schmal („Faltenwespen").

Die **Gemeine Wespe** ist dann für schmerzhafte Erfahrungen gut. Binnen kurzer Zeit sind Störenfriede in die Flucht geschlagen. Allerdings nutzen Wespen ihre Kampfkraft nicht nur, um Staat und Brut zu verteidigen. Besonders an schwülen Spätsommertagen tut man gut daran, die gelb-schwarze Warnfarbe auch andernorts ernst zu nehmen. Dann sind die Wespenstaaten auf dem Höhepunkt ihrer Entwicklung. Jetzt können einige tausend Tiere in den mehrere Stockwerke umfassenden und von einer grauen Papierhülle umschlossenen Nestern leben. Die ersten starken Fröste überleben dann nur die Königinnen, die im nächsten Frühjahr wieder klein anfangen. Die größten heimischen Faltenwespen, die bis 35 mm großen **Hornissen**, sind übrigens trotz übler Nachrede („sieben Stiche töten ein Pferd, drei einen Menschen") recht umgänglich.

Rote Mauerbiene
Osmia rufa

- Insekten, Hautflügler
- L 8 – 12 mm
- März bis Juni

Merkmale

Mittelgroße Wildbiene; dunkelbraun mit dichter Behaarung; Weibchen mit schwarz behaartem Kopf, Männchen mit überwiegend weiß behaartem Kopf.

Gut ausgestattete Kinderzimmer im Mauerloch

Jedes Kind kennt die fast allgegenwärtige Honigbiene. Dass aber neben diesem Haustier mehrere hundert Wildbienenarten bei uns leben, wissen (zu) wenige. Manche Wildbienen lassen sich leicht im Garten ansiedeln, indem man massive Holzblöcke mit Bohrungen aufhängt.

Die **Rote Mauerbiene** gehört zu den ersten Insekten, die im Frühjahr unterwegs sind. Eifrig sammelt sie Pollen. Sie trägt ihn nicht in Höschen an den Hinterbeinen wie die **Honigbiene** (Foto rechts), sondern an der Unterseite des Hinterleibes (Foto unten). Voll beladen steuert sie ein 7-mm-Bohrloch in einem „Bienen-Nistkasten" an und verschwindet darin. Hat sie so viel Blütenstaub eingetragen, dass es gerade genügt, um eine Made bis zur Verpuppung zu ernähren, legt sie ein Ei, verschließt die Brutzelle mit Lehm und beginnt mit der nächsten. Schließlich verschließt ein dicker Erdpfropf die Mehrzimmer-Wohnung, in der vorne die Jungen wohnen (sie gehen aus unbefruchteten Eiern hervor), hinten die später schlüpfenden Mädchen. Gut geschützt wachsen sie heran, verpuppen sich im Sommer und nagen sich im nächsten Frühjahr ins Freie.

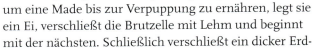

Viel diskutiert: Stechen Hummeln oder tun sie's nicht?

Hummeln gehören zur Familie der Bienen und hier gilt: Die Weibchen stechen, die Männchen (Drohnen) nicht. Da nur die Frauen arbeiten, sind die eifrig auf Blüten Pollen sammelnden Tiere weiblich, können also stechen. Viele Hummeln sind aber sehr gutmütig.

Erdhummel
Bombus terrestris

▸ Insekten, Hautflügler
▸ L 12 – 28 mm
▸ April bis Oktober, Königin ganzjährig

Merkmale
Groß, stark behaart; Brust mit braungelber Binde, Hinterleib schwarz behaart mit goldgelber Binde und weißer Spitze; Hinterbeine oft mit Pollenladung.

Die **Erdhummel** ist eine von etwa 30 heimischen Hummelarten. Schon früh im Jahr sieht man Königinnen (nur sie haben den Winter überlebt), die blühende Weiden und erste Blumen besuchen. Gleichzeitig sind sie auf der Suche nach einem Nistplatz. Erdhummeln wohnen unterirdisch, oft in verlassenen Mäusenestern. Hier entstehen zunächst eine mit Pollen ausgestattete Brutzelle und ein Honigtopf aus Wachs, der mit Nektar für schlechte Zeiten gefüllt wird. In der Brutzelle wächst die erste Arbeiterinnengeneration heran, die der Königin für den Rest der Saison die Arbeit weitgehend abnimmt, so dass diese sich aufs Eier legen konzentrieren kann. Im Lauf des Sommers kann ein Erdhummelstaat auf 600 Köpfe anwachsen. Zu den Arbeiterinnen kommen erst im Spätsommer Drohnen und neue Königinnen – fürs nächste Jahr.

Rote Waldameise
Formica rufa

- Insekten, Hautflügler
- L 4 – 11 mm
- ganzjährig

Merkmale
Arbeiterinnen flügellos, Geschlechtstiere mit Flügeln; Körper schlank mit sehr dünner Taille; Oberseite und Beine schwarzbraun, Unterseite rotbraun.

Erfolgsmodell Ameise: Einigkeit macht stark

Ameisen zählen weltweit zu den häufigsten Tieren. Ihren großen Erfolg verdanken sie ihrem Sozialleben. Viele Arten bilden hoch entwickelte und perfekt organisierte Staaten mit oft Hunderttausenden von Bürgern – oder besser: Bürgerinnen, denn Männchen spielen keine große Rolle.

Rote Waldameisen leben in großen Nestkuppeln aus Fichtennadeln und Zweigchen. Im Inneren befindet sich ein verzweigtes System aus Gängen und Nestkammern, das sich auch unterirdisch noch fortsetzt. Gewöhnlich bekommt man nur Arbeiterinnen zu Gesicht. Sie pflegen Brut und Königin, bauen und reparieren die Burg, bewachen die Eingänge und ziehen auf duftmarkierten Straßen zur Nahrungssuche aus. Ihr Jagdgebiet erstreckt sich bis in die Wipfel der Bäume. Besonders andere Insekten und deren Larven werden mit vereinten Kräften überwältigt und eingetragen, darunter viele „Schädlinge", weshalb die Förster Ameisen sehr schätzen. An manchen Sommertagen drängen plötzlich geflügelte Königinnen und Männchen aus dem Nest und starten zum Hochzeitsflug, der mit der Gründung neuer Staaten endet.

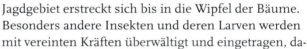

Neues Leben aus altem: Totengräber sind perfekte Entsorger

Erst seit kurzem liegt die tote Maus neben dem Weg und schon nähert sich zielstrebig ein schwarz-oranger Käfer. Mit seinen empfindlichen Fühlerspitzen hat er das Aas gerochen. Nun lockt er durch eigene Duftstoffe ein Weibchen. Nach der Paarung kann die Beerdigung beginnen.

Totengräber
Necrophorus-Arten

▸ Insekten, Käfer
▸ L 12 – 22 mm
▸ ganzjährig

Merkmale
Schwarz mit zwei orangen Querbändern auf den Flügeldecken; Spitze des Hinterleibs nicht unter den Flügeln verborgen; Beine schwarz; Fühlerspitze mit Endkeule.

Die **Totengräber** fangen an, Erde unter der toten Maus wegzuschaffen. Im Verlauf vieler Stunden sinkt das Aas langsam in den Boden. Gleichzeitig wird es zusammengefaltet und abgerundet, so dass es schließlich, fast zur Kugel geformt, in einer unterirdischen Grabkammer ruht. Nun hat das Männchen seine Schuldigkeit getan, es kann gehen. Das Weibchen legt anschließend Eier in einen kleinen Seitengang. Nach fünf Tagen schlüpfen die Larven und krabbeln auf die Aaskugel. Hier wartet die Mutter in einem kleinen Trichter, den sie in der Zwischenzeit geformt hat. Dort werden die Jungen von Mund zu Mund gefüttert. Später fressen die Larven selbstständig. Wenn sie sich nach sieben Tagen verpuppen, ist von dem Mäuse-Kadaver nicht mehr viel übrig.

Siebenpunkt-Marienkäfer
Coccinella septempunctata

- Insekten, Käfer
- L 5 – 8 mm
- März bis Oktober

Merkmale
Halbkugelig; Kopf und Brust schwarz mit weißen Punkten; Deckflügel rot mit sieben schwarzen Punkten; Larve blaugrau mit orangefarbener Zeichnung.

Kleiner Glücksbringer mit gesegnetem Appetit

Sonnenkälbchen, Glückskäfer, Herrgottskuh, Jungfrauenvogel, ladybird – der Marienkäfer hat viele volkstümliche Namen. Die meisten davon beziehen sich auf den „Prototyp", den Siebenpunkt. Allein in Deutschland gibt es etwa 80 Arten mit unterschiedlichen Farben und Punktmustern.

Marienkäfer sind echte Glücksbringer, jedenfalls für Gärtner, Landwirte und Förster. Sie haben die kleinen Krabbler nicht wegen ihres hübschen Äußeren ins Herz geschlossen, sondern wegen ihrer Vorliebe für Blattläuse (die als Pflanzenschädlinge weniger beliebt sind). Fast noch gefräßiger als der Käfer ist die ganz anders aussehende Larve (Foto rechts). Über 600 Blattläuse landen während der etwa vierwöchigen Entwicklungszeit in ihrem Magen. Die leuchtend gelben Eier werden von der Mutter meist neben Blattlauskolonien gelegt, damit der Nachwuchs gleich etwas zu essen hat. Ärgert man Marienkäfer, stellen sie sich tot. Aus ihren „Knie"-Gelenken tritt gelbes Blut, das widerlich riecht und schmeckt. Die bunten Warnfarben weisen schon von weitem darauf hin, dass es nicht lohnt, ihn zu fressen.

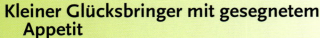

Berüchtigter Einwanderer im Streifenkleid

Die Käfer stammen wie die Kartoffeln selbst aus Amerika. Dort wechselten sie schon vor 150 Jahren von einer nah verwandten Futterpflanze auf die immer häufiger angebaute Kartoffel. Mit deren weltweiter Verbreitung eröffneten sich auch dem Käfer ungeahnte Möglichkeiten.

Kartoffelkäfer
Leptinotarsa decemlineata

▸ Insekten, Käfer
▸ L 7 – 11 mm
▸ April bis September

Merkmale
Hochgewölbt; Flügeldecken mit schwarzen Längsstreifen; Larve dick, leuchtend dunkelorange mit zwei seitlichen schwarzen Punktreihen.

Kartoffelkäfer schafften den Sprung über den großen Teich (wohl als blinde Passagiere) im Jahr 1874. Erst im 20. Jahrhundert konnten sie sich aber endgültig etablieren. Mangels natürlicher Feinde waren sie nicht mehr zu stoppen. Der Hilfe des Menschen bedurfte es da nicht, auch wenn politische Propaganda immer wieder unterstellte, dass feindliche Mächte durch das gezielte Aussetzen von Kartoffelkäfern versuchten, die Versorgung mit Nahrungsmitteln zu stören. Bei heftigem Befall braucht man tatsächlich nicht mehr zu ernten. Dabei haben es die Käfer und ihre Larven (Foto oben) gar nicht auf die nahrhaften Knollen abgesehen. Sie fressen „nur" die Blätter.
Bis zu 2500 Eier kann ein Weibchen legen, das im April sein Winterversteck in der Erde verlässt.

Mistkäfer, Rosskäfer
Geotrupes-Arten

- Insekten, Käfer
- L 12 – 19 mm
- September bis Juli

Merkmale
Körper stark gewölbt; schwarz mit blauem oder grünem Metallglanz; Beine schwarz; Fühler kurz mit Endfächer.

Unterirdische Kinderzimmer im Schlaraffenland

Mistkäfer tragen ihren Namen zu Recht. Sie sind darauf spezialisiert, die immer noch gehaltvollen Hinterlassenschaften anderer vollends zu verwerten. Vom Geruch frischer Exkremente werden sie magisch angezogen.

Der **Mistkäfer** ist besonders häufig auf Reitwegen im Wald zu finden; er schätzt aber auch Menschenkot sehr. Seine Brutbaue gräbt er direkt daneben, einen nahezu senkrecht tief in die Erde führenden Gang, von dem aus Seitenkammern abzweigen. In jeden dieser Nebenstollen wird eine etwa 12 cm lange Dungwurst geschafft, die mit einem Ei belegt wird, bevor das Kinderzimmer verschlossen wird. Wie die Made im Speck wächst hier die engerlingsartige Larve heran. Erst im nächsten Sommer verpuppt sie sich. Schließlich schlüpft der Käfer, der aber erst nach der Überwinterung geschlechtsreif wird. Mistkäfer werden oft von kleinen, orangefarbenen Milben als „Taxi" benutzt. Auch sie entwickeln sich im Mist, können aber aus eigener Kraft keine frischen Standorte erreichen.

Von Kindern geliebt, von Förstern gefürchtet

Neben dem Siebenpunkt ist er wohl der bekannteste Käfer. Kaum einer, dem der behäbige Brummer nicht sympathisch ist. Mit spitzen Klauen hält er sich fest, „pumpt" heftig, lüftet die harten Deckflügel, entfaltet die durchsichtigen Hinterflügel und macht den Abflug.

Feld-Maikäfer
Melolontha melolontha

▸ Insekten, Käfer
▸ L 20 – 30 mm
▸ Mai bis Juni

Merkmale
Körper länglich; Kopf und Brustschild meist schwarz; Flügeldecken braun; Fühler mit Endfächer; Hinterleib spitzig zulaufend.

Der **Feld-Maikäfer** hat allerdings nicht nur Freunde. Hartnäckig haftet ihm auch sein Ruf als „Schädling" an. Immer wieder berichten die Zeitungen von Maikäferplagen. Dann erfüllt den Laubwald ein raschelndes Geräusch. Millionen scharfer Käferkiefer nagen Blatt um Blatt ab. Im schlimmsten Fall droht vollständiger Kahlfraß. Zwar kehrt ab Juni Ruhe ein, nach drei bis vier Jahren wiederholt sich die Geschichte aber oft. So lange brauchen die im Boden lebenden Larven („Engerlinge", Foto oben) zu ihrer Entwicklung. Sie bestreiten ihren Lebensunterhalt ebenfalls als Pflanzenfresser und ernähren sich überwiegend von Wurzeln. Vor allem sie gelten bei hoher Dichte als schädlich. Kleiner Trost: Maikäferplagen betreffen oft nur kleine Gebiete; anderswo darf man sich über den Frühlingsboten aufrichtig freuen.

Grüne Stinkwanze
Palomena prasina

- Insekten, Wanzen
- L 12 – 14 mm
- August bis Juni

Merkmale

„Wappenform" mit „breiten Schultern"; im Sommer leuchtend grün bis auf den häutigen Flügelteil, im Herbst braun werdend, nach der Überwinterung wieder grün.

Flöh' und Wanzen gehören auch zum Ganzen

Diese früh formulierte Einsicht in ökologische Zusammenhänge verdanken wir Johann Wolfgang von Goethe. Zwar bezog sie sich wohl auf die Blut saugenden Bettwanzen; allerdings haben auch die zahlreichen an Pflanzen saugenden Wanzenarten kein gutes Image.

Die **Grüne Stinkwanze** hat ihren spitzen Stechrüssel in das Teilfrüchtchen einer reifen Himbeere gesteckt und trinkt Saft. Später wird vielleicht ein nichts ahnender Mensch die leckere Frucht in den Mund stecken. Statt des süßen Aromas erwartet ihn widerlicher Wanzengeschmack. Bei vielen Wanzen wird Gestank zur Waffe. Aus ihren Stinkdrüsen können sie Feinde gezielt besprühen – ein sehr wirksamer Abschreckungsmechanismus. Die Grüne Stinkwanze gehört zu den größten einheimischen Arten; sie ist auf Feldern und Wiesen, an Waldrändern und auf Lichtungen häufig. Die Eier werden im Frühjahr in Gelegen an der Unterseite von Blättern befestigt. Häufig saugen die grünen, flügellosen Larven (Foto ganz oben) an Gräsern, auch an Getreide.

Elegante Erscheinung mit golden schimmernden Augen

„Goldauge" lautet der Zweitname der Florfliege denn auch. Tagsüber ist sie wenig aktiv; erst in der Dämmerung entfaltet sie auch fliegend ihre Schönheit. Vor allem im Winter trifft man Florfliegen, jetzt braun gefärbt, auch in Häusern.

Florfliege
Chrysopidae

- Insekten, Netzflügler
- L 8 – 12 mm
- ganzjährig

Merkmale

Zarter Körper; vier dachförmig zusammengelegte Flügel mit dichtem Adernetz; Augen golden; Fühler dünn und lang; Überwinterer braun.

Die **Florfliege** gehört, zusammen mit vielen Marienkäfern (S. 102) und Schwebfliegen (S. 116), zu den wichtigsten Gegenspielern der Blattläuse. Auch hier sind es vor allem die Larven, die ganze Arbeit leisten. Die „Blattlaus-Löwen" werden sogar zur biologischen Schädlingsbekämpfung gezüchtet und gezielt ausgebracht. Mit zwei langen, nach vorne gestreckten Saugzangen bewaffnet gehen sie auf Jagd. Florfliegen-Larven (Foto unten links) sind hell- und dunkelbraun gestreift. Nicht selten bleiben die ausgesaugten Häute ihrer Opfer an den Haaren des Larvenkörpers hängen und sorgen dadurch für noch bessere Tarnung. Elegant sind übrigens nicht nur die erwachsenen Goldaugen selbst, sondern auch ihre Eier (Foto oben). Sie schweben auf langen, dünnen Stielen, mit denen sie an Pflanzen befestigt sind.

Holunderblattlaus
Aphis sambuci

- **Insekten, Pflanzenläuse**
- L 2 – 3,5 mm
- Mai bis September

Merkmale
Körper tropfenförmig; langer Saugrüssel, zarte Fühler; Färbung dunkelbraun oder schwärzlich; Rücken mit weißlichen Querstreifen; Beine schwarz; mit oder ohne Flügel.

Ohne Männer geht's auch – jedenfalls für eine gewisse Zeit

Blattläuse verdanken ihre enorme Vermehrungsfähigkeit dem (wenigstens zeitweisen) Verzicht auf Sex. Ohne Befruchtung gebären die flügellosen Weibchen mehrmals am Tag neue Töchter, die ebenfalls bald Nachkommen erzeugen.

Die **Holunderblattläuse** überziehen im Frühjahr wie schwarze Manschetten die frischen Holunderzweige – lauter pralle Körper, die mit den Saugrüsseln fest in der Pflanze stecken. Um ihren Eiweißbedarf zu decken, müssen sie sehr viel Pflanzensaft aufnehmen. Die zuckerhaltigen Überschüsse werden hinten abgegeben, was zum Beispiel Ameisen sehr schätzen. Diese verteidigen ihre „Milchkühe" auch gegen Übergriffe. Das gelingt nicht immer. Viele Insektenlarven ernähren sich von den fruchtbaren Läusen (S. 102, 107, 116). Im Frühsommer erscheinen vermehrt geflügelte Läuse. Sie sorgen für die Verbreitung. Die Läuse steigen auf Nelken, Steinbrech oder Ampfer um, erst im Herbst wieder auf Holunder. Jetzt werden auch Männchen erzeugt. Zur Produktion der überwinternden Eier kann auf sie nicht verzichtet werden.

Exotische Schönheit aus dem Gemüsebeet

Die Größe und Farbenpracht des Schwalbenschwanzes erinnert an die tropischer Schmetterlinge und tatsächlich ist die Familie der Ritterfalter, zu der er gehört, in den Tropen mit Hunderten von Arten verbreitet. Bei uns fliegt der Schwalbenschwanz aber selbst in den Hochgebirgen.

Schwalbenschwanz
Papilio machaon

▸ Insekten, Schmetterlinge
▸ SW 50 – 75 mm
▸ April bis September

Merkmale
Sehr großer Falter; schwarz-gelb gemustert, Hinterflügel mit blauer Binde, rotem Augenfleck und kurzen Zipfeln; Raupe grün-schwarz mit orangen Punkten.

Der **Schwalbenschwanz** kommt überwiegend auf blütenreichen Wiesen vor, wo der Falter gerne Nektar aus Kleeblüten saugt. Aber auch in Hausgärten kann man die weit umherstreifenden und sehr flugtüchtigen Schmetterlinge gar nicht so selten beobachten. Wer Mohrrüben, Fenchel, Petersilie oder Dill im Gemüsebeet zieht, kann sich sogar über Nachwuchs freuen. Die Eier, einzeln an die Blätter geheftet, fallen kaum auf. Dagegen sind die ausgewachsenen Raupen fast so groß wie ein kleiner Finger. Trotz ihrer auffälligen Färbung können sie aber leicht übersehen werden. Gegen Störenfriede setzen sie sich zur Wehr, indem sie eine stinkende orange Nackengabel ausstülpen. Die Puppe hängt, nur durch einen dünnen Seidengürtel gehalten, am Stängel. In diesem Stadium überwintert der Falter auch.

Zitronenfalter
Gonepteryx rhamni

▸ Insekten, Schmetterlinge
▸ SW 50 – 55 mm
▸ ganzjährig

Merkmale
Männchen (Foto unten rechts) oberseits leuchtend zitronengelb, unten fahlgelb; Weibchen (Foto oben) oben weißlichgrün, unten grünlich; mit zusammengefalteten Flügeln blattartig.

Ein langes Falterleben – der Frühlingsbote wird fast ein Jahr alt

Viele heimische Schmetterlinge sind länger Raupe als Falter. Beim Zitronenfalter ist es anders. Er schlüpft im Sommer und überwintert dann als Falter, meist dicht über dem Boden frei an Pflanzenstängeln oder unter Blättern immergrüner Pflanzen sitzend.

Der **Zitronenfalter** wird schon von den ersten wärmenden Sonnenstrahlen zu neuem Leben erweckt. Leuchtend gelb fliegt er jetzt an Waldrändern und -wegen; oft sitzt er auch mit geschlossenen Flügeln am Boden und tankt Sonnenenergie. Wenig später setzt die Balz ein, die mit der Eiablage an Faulbaum und Kreuzdorn endet. Die grünen Raupen, immer mit dem Rücken zum Licht sitzend, sind auf den Blättern perfekt getarnt. Ab Juli schlüpfen die Falter. Sie schonen sich zunächst. Noch vor der langen Winterpause ziehen sie sich zu einer längeren Sommerruhe zurück. Verschiedene Anpassungen helfen dann bei der Überwinterung: Um tödliche Eisbildung im Körper zu verhindern, wird überflüssiges Wasser vorher ausgeschieden. Durch die Produktion eines Frostschutzmittels wird der Gefrierpunkt weiter abgesenkt.

Auf Gedeih und Verderb an die Brennnessel gebunden

Die Überdüngung der Landschaft ist mit verantwortlich für das Verschwinden vieler Arten. Es gibt aber auch Nutznießer der Nährstoffschwemme, die Brennnessel zum Beispiel und damit auch das Pfauenauge, dessen Raupen fast nur auf Brennnesseln leben.

Tagpfauenauge
Inachis io

▸ **Insekten, Schmetterlinge**
▸ SW 50 – 60 mm
▸ ganzjährig

Merkmale
Oberseite mit auffälligen blau-schwarz-gelben Augenflecken auf Vorder- und Hinterflügeln; Unterseite der Flügel schwarz; Raupe schwarz mit kleinen weißen Punkten.

Das **Tagpfauenauge** ist nicht zuletzt deshalb einer unserer häufigsten Falter. Auch die erwachsenen Schmetterlinge sind nicht sehr anspruchsvoll und besuchen alle möglichen Blüten, um Nektar zu saugen. Mit zusammengeklappten Flügeln – und deshalb kaum zu sehen – überwintern die Falter in Gebäuden und Höhlen. Oft kann man sie auf Dachböden finden. Im Frühjahr legen sie ihre grünen Eier in dichten Haufen an die Triebspitze junger Nesseln. Eine Pfauenaugenraupe kommt deshalb selten allein; oft weiden 100 oder mehr in einer durch selbst produzierte Spinnfäden zusammengehaltenen „Herde". Übrigens ist das Pfauenauge nicht der einzige Nessel-Liebhaber. Auch der Kleine Fuchs und der **Admiral** (Foto oben) sind auf dieses „Un"-Kraut angewiesen.

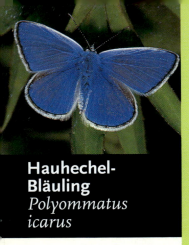

Hauhechel-Bläuling
Polyommatus icarus

▸ Insekten, Schmetterlinge
▸ SW 27 – 34 mm
▸ Mai bis September

Merkmale
Männchen oben blau mit weißem Saum; Weibchen braun mit orangen Punkten, Hinterflügel mit Augenflecken; Unterseite hell mit vielen schwarzen und orangen Punkten.

Schillernder Glanz auf den Flügeln der Männchen

Das irisierende Blau der Flügeloberseite vieler Bläulinge entsteht durch Lichtbrechung an speziell gebauten Schillerschuppen. Die Weibchen sind ganz anders gefärbt und betrachtet man die Falter von der Unterseite, glaubt man eine dritte Art vor sich zu haben.

Der **Hauhechel-Bläuling** könnte ebenso gut nach dem Hopfenschneckenklee, dem Hornklee oder der Kronwicke heißen, denn an all diesen (und einigen weiteren) Schmetterlingsblütlern hat man seine grünen Raupen schon gefunden. Als Gemeinen Bläuling, wie er in älteren Büchern noch heißt, kann man ihn dagegen heute bei bestem Willen nicht mehr bezeichnen, auch wenn er unter den zahlreichen Bläulingsarten tatsächlich noch der häufigste ist. Viele sind typisch für trockenwarme, lückige Magerwiesen – stark gefährdete Lebensräume also. Der Hauhechel-Bläuling ist nicht ganz so anspruchsvoll. Allerdings verschwindet er dort, wo eine intensive Landwirtschaft nur noch fette Wiesen gedeihen lässt, Feld- und Wiesenraine dauernd gemäht und Feldwege asphaltiert werden.

Wie ein Kolibri im Blumenbeet – der „Zugvogel" unter den Schmetterlingen

Nahezu bewegungslos steht das Tier vor der Blüte in der Luft. So schnell schlagen seine Flügel, dass sie nur als grau-oranger Wisch wahrzunehmen sind. Tief senkt sich der dünne Rüssel, einem langen „Trinkhalm" gleichend, in einen Blütenkelch.

Taubenschwänzchen
Macroglossum stellatarum

▸ Insekten, Schmetterlinge
▸ SW 40 – 50 mm
▸ Mai bis Oktober

Merkmale
Dicker grauer Körper; Hinterleib seitlich mit kleinen weißen Flecken; breiter „Schwanz" aus dunklen Haarbüscheln; Vorderflügel graubraun, Hinterflügel orange.

Das **Taubenschwänzchen** gehört zu den Schwärmern, einer Gruppe kräftig gebauter Nachtfalter mit schwirrendem Flug. Kein Wunder, dass mancher, der das Flattern und Gaukeln vieler Tagfalter kennt, sich verwundert die Augen reibt und spontan an einen Kolibri denkt. Tatsächlich stehen die Flugleistungen des tagaktiven Taubenschwänzchens denen der Vögel kaum nach. Wenn die Falter im Mai bei uns auftauchen, kommen sie aus Südeuropa und haben schon Hunderte von Kilometern hinter sich. Wie unsere Zugvögel vermehren sie sich hier erfolgreich. Die nächste Generation macht sich wieder auf die Schwingen gen Süden. Manche allerdings versuchen, hier zu überwintern, und gelegentlich haben sie sogar Erfolg; deshalb kann man den kleinen „Kolibri" selten auch schon ganz früh im Jahr beobachten.

Stechmücke
Culex-Arten

- Insekten, Zweiflügler
- L 4 – 6 mm
- ganzjährig

Merkmale
Zarter, behaarter Körper; lange dünne Beine; sehr langer Stechrüssel; Weibchen mit kaum behaarten, Männchen mit büschelartig gefiederten Fühlern; zwei schmale Flügel.

Hör' ich sie sirren in der Nacht, bin ich um meinen Schlaf gebracht

Das nervtötende Fluggeräusch stammt von Mücken-Weibchen, die Blut brauchen, bevor sie Eier legen. Haben sie Erfolg, wiegen sie anschließend dreimal so viel. Uns bleibt als Erinnerung eine juckende Quaddel dort, wo der gerinnungshemmende Speichel eingespritzt wurde.

Die **Stechmücke** hat ungewöhnlich feine Sinnesorgane. Abgestrahlte Wärme, erhöhter Kohlendioxid-Gehalt der Luft und von der Haut aufsteigende Duftstoffe helfen ihr bei der Ortung warmblütiger Nahrungsquellen. Nach der Landung wird das unglaublich feine Stechborstenbündel aus der schützenden Hülle gepackt und in die Haut gebohrt, bis ein dünnes Blutgefäß getroffen wird. Moskitonetze oder Fliegengitter helfen gegen die nächtlichen Plagegeister, noch mehr aber das Abdecken von Regentonnen. Stechmücken-Larven (Foto rechts) leben nämlich im Wasser. Mit ihrem Atemrohr hängen sie an der Oberfläche und filtrieren Kleinteile und Plankton. Bei Gefahr tauchen sie zappelnd ab. Für Stechmücken-Männchen ist das Sirren der Weibchen übrigens Musik; sie werden dadurch angelockt. Für uns sind die Nektarsauger harmlos.

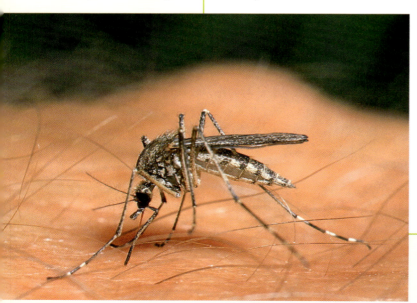

Schau mir in die Augen, Kleines – Schönheit mit schillerndem Blick

In allen Farben des Regenbogens schimmern ihre Augen. Aber wer nimmt sich schon Zeit, sie zu beobachten? Ein heftiger Schmerz, ein schneller Schlag – das typische Ende der „Blinden Fliege". Ob sie diesen Namen den trüben Flügeln verdankt oder weil sie die zuschlagende Hand nicht sieht?

Regenbremse
Haematopoda pluvialis

- Insekten, Zweiflügler
- L 8 – 12 mm
- Mai bis Oktober

Merkmale
Plump; Brust gestreift; Hinterleib dunkel; Flügel dunkel gefleckt, in Ruhestellung dachförmig über dem Hinterleib zusammengelegt; Fühler kurz, nach vorne gestreckt.

Regenbremsen landen zwar fast unbemerkt, gehen dann aber mit Messern auf ihre Opfer los. Ihre Kiefer schneiden einen großen Schlitz in die Haut. Das aus der Wunde austretende Blut wird dann abgetupft (wofür allerdings, gerät der Blutsauger an einen Menschen, kaum Zeit bleibt…). Oft bluten die Verletzungen noch längere Zeit nach, weil der Fliegenspeichel die Gerinnung hemmt. Besonders lästig werden die Bremsen bei hoher Luftfeuchtigkeit oder bei schwül-warmem Wetter („Gewitterfliege"). Auch hier sind es, wie bei der Stechmücke, nur die Weibchen, die Blutdurst entwickeln. Sie investieren den „besonderen Saft" in die Produktion von Eiern, in ihre Nachkommenschaft also. Die Bremsen-Kinder, lang gestreckte Maden, entwickeln sich in feuchtem Boden.

Schwebfliege
Episyrphus balteatus

- Insekten, Zweiflügler
- L 9 – 12 mm
- ganzjährig

Merkmale
Schlank; Flügel glasklar; Augen sehr groß, Fühler kurz; Hinterleib gelb mit abwechselnd schmalen und breiten schwarzen Bändern; Beine gelb.

Flugkünstler und Weltenbummler, Blattlausjäger und Wespenimitator

Besonders beeindruckend sind sie in der Luft: vorwärts, rückwärts, seitwärts fliegen, scheinbar reglos in der Luft stehen, mit dreifacher Erdbeschleunigung davonziehen und ebenso abrupt bremsen – die Schwebfliegen machen ihrem Namen Ehre.

Die **Schwebfliege** *Episyrphus balteatus*, eine der häufigsten von über 400 allein in Deutschland vorkommenden Arten, gehört zu unseren wichtigsten Verbündeten bei der biologischen Schädlingsbekämpfung. Sie findet nahezu jede Blattlauskolonie, legt gezielt ein Ei dazu und ist schon auf der Suche nach der nächsten. So wird die Nachkommenschaft weit gestreut und sichergestellt, dass auch jedes der hungrigen Kinder genug zu essen hat. Bis zu 1000 Läusen frisst die bunte Larve, bevor sie sich verpuppt. Im Herbst wird es dann Zeit zu gehen: Zwar überwintern einige Weibchen auch in Mitteleuropa, viele aber wandern nach Süden. Selbst Alpen und Mittelmeer werden überflogen. Die schwarz-gelbe, wespenähnliche Färbung vieler Schwebfliegen bietet übrigens tatsächlich einen gewissen Schutz gegen Feinde.

Landen an der Zimmerdecke – für Fliegen kein Problem

Mit weit nach vorne oben ausgestreckten Vorderbeinen fliegt sie deckenwärts. Sobald die Beine Halt gefunden haben, wird der Flügelschlag eingestellt. Den Rest besorgt der Schwung und schon sitzt sie an der Decke. Spitze Krallen an den Füßen helfen beim Festhalten.

Stubenfliege
Musca domestica

- Insekten, Zweiflügler
- L 6 – 8 mm
- ganzjährig, vor allem Juni bis September

Merkmale
Fühler kurz; Brust schwärzlich mit grauen Längsstreifen; Hinterleib orangebraun mit schwarzem Mittelstrich und schwarzer Spitze; Beine schwarz.

Die **Stubenfliege** ist ein weltweit verbreiteter Kulturfolger. Fliegen leben fast überall, wo Menschen wohnen (aber nicht nur dort). In Stadtwohnungen verirren sie sich nur vereinzelt. Ihre Maden können sich dort kaum entwickeln. Wo es aber Vieh gibt, werden sie leicht zur Plage. 2000 Eier kann eine Stubenfliege legen (meist in Stallmist oder faulende Pflanzen) und alle zwei bis drei Wochen schwingt sich eine neue Generation in die Luft. Da helfen dann auch die klebrigen Fallen nicht mehr, denen die Fliegen auf den Leim gehen. Fliegen mit der Hand zu fangen, ist angesichts ihrer kurzen Schrecksekunde ein Geschicklichkeitsspiel. Von ihrer lästigen Zudringlichkeit abgesehen sind Stubenfliegen harmlos. Hygienisch gesehen gelten sie aber als bedenklich, wechseln sie doch blitzschnell vom Hundekot aufs Butterbrot.

Regenwurm
Lumbricus terrestris

▸ Ringelwürmer
▸ L bis 30 cm
▸ ganzjährig

Merkmale
Langgestreckt aus vielen Segmenten und mit glattem Gürtel, der die Geschlechtsorgane enthält; schleimige Oberfläche.

Fruchtbare Böden dank eifriger Wühlarbeit im Untergrund

Einer muss die Drecksarbeit ja machen – und die Regenwürmer tun das so effektiv, dass ihnen sogar Charles Darwin, der berühmte Begründer der Evolutionstheorie, sein letztes großes Werk gewidmet hat: „Die Bildung der Ackererde durch die Tätigkeit der Würmer" heißt es.

Regenwürmer sind entscheidend für die Fruchtbarkeit unserer Böden verantwortlich. Durch ihre bis zu 2 m tief reichenden Gänge belüften sie das Erdreich. Nachts erscheinen sie an der Oberfläche und ziehen abgestorbene Pflanzenreste in ihre Röhre. Dadurch und durch ihre unermüdliche Fresstätigkeit wird der Boden mit Humus angereichert. 40 – 90 Tonnen äußerst fruchtbaren Kots (Foto oben) scheiden die Regenwürmer auf einem Hektar pro Jahr aus! Trockenheit und Sonnenlicht behagt den Würmern überhaupt nicht, feuchte Nächte lieben sie dagegen. Starker Regen treibt sie aber unfreiwillig aus den überfluteten Gängen. Das Gerücht übrigens, Regenwürmer ließen sich durch Teilen mit dem Spaten beliebig vermehren, ist falsch. Die Würmer haben zwar ein großes, aber keineswegs unendliches Vermögen, sich zu erholen.

Der natürliche Feind des Salatsetzlings – und des Gärtners

Nacktschnecken können Gartenbesitzer zur Verzweiflung treiben. Allzu oft verschwindet über Nacht, was erst am Vorabend mit Liebe gepflanzt wurde. Legion ist nicht nur die Zahl der Schnecken, sondern auch die der Patentrezepte zur Ausmerzung dieser unliebsamen Konkurrenten.

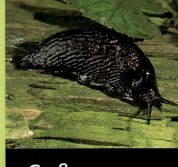

Große Wegschnecke
Arion ater

▸ Schnecken
▸ L bis 20 cm
▸ ganzjährig

Merkmale
Färbung sehr variabel von Schwarz bis Ziegelrot; vorderes Drittel („Mantel") glatt mit seitlichem Atemloch; Körperschleim sehr zäh, farblos oder orange.

Große Wegschnecken fressen alles von der frischen Tomate bis zu Kot, faulendem Aas oder zertretenen Artgenossen. Eine besondere Vorliebe aber haben sie für zarte junge Kulturpflanzen. Nacktschnecken schätzen die Kühle und Feuchte der Nacht, in der sie nicht von Austrocknung bedroht sind. Eine Wegschnecke besteht zu 85 % aus Wasser und stirbt schon, wenn sie ein Fünftel davon verliert. Weil Schnecken sich um so wohler fühlen, je höher die Feuchtigkeit von Luft und Boden ist, können schon der Verzicht auf abendliches Gießen und größere Pflanzabstände ihnen das Leben etwas schwerer machen. Das beste gegen Schneckenplagen aber sind vielfältige Gärten, in denen Igel und Blindschleichen helfen. Noch wirkungsvoller sind sehr kalte Winter.

Schwarzmündige Schnirkelschnecke
Cepaea nemoralis

▸ Schnecken
▸ Gehäuse bis 25 mm hoch
▸ März bis Oktober

Merkmale
Körper weißlich oder gelblich; Schneckenhaus kugelig, mit etwa fünf Umgängen und bis zu fünf dunkelbraunen Spiralbändern; Mündung meist dunkelbraun gesäumt.

Bei Hitze hoch im Gesträuch: Kletterschnecken im Streifenkleid

Während andere Schnecken bei Trockenheit in die Erde ausweichen, kriechen die Schnirkelschnecken nach oben. Fest an Äste und Blätter geheftet und mit einem Silberhäutchen aus erhärtetem Schleim gegen Verdunstung geschützt, warten sie auf feuchtere Zeiten.

Die **Schwarzmündige Schnirkelschnecke** schaltet in solchen Lebenslagen auf Sparflamme. Regnet es, gleicht sie ihren Wasserverlust wieder aus und fährt den Stoffwechsel hoch. Mit der für Schnecken so typischen Raspelzunge fressen Schnirkelschnecken vorwiegend frische Pflanzen, ohne aber im Gemüsebeet größeren Schaden anzurichten. Sie vermehren sich auch weit weniger schnell als die Große Wegschnecke, die zehnmal so viele Eier produziert. Bei der Schnirkelschnecke sind es nur 30 bis 50, die in einer selbst gegrabenen Erdkammer abgelegt werden. Den Winter verbringen die Schnecken mit den hübschen Häuschen dann frostfrei im Boden. Jetzt verschließt ein massiver Kalkdeckel das Schneckenhaus bis zum nächsten Frühjahr.

Für die Weinbergschnecke gilt: Stielauge sei wachsam

Tatsächlich sitzen die Augen der Schnecke auf den beiden oberen Fühlhörnern. Allerdings sind sie sehr klein und wenig leistungsfähig. Aber die übliche Antwort auf nahende Gefahr ist ja auch nicht rechtzeitige Flucht, sondern der Rückzug ins schützende Häuschen.

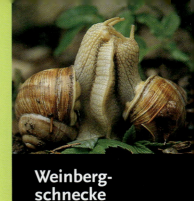

Weinbergschnecke
Helix pomatia

▸ Schnecken
▸ Gehäuse bis 50 mm hoch
▸ März bis Oktober

Merkmale
Größte europäische Landgehäuseschnecke; Körper gelblich bis hellbraun; Schneckenhaus kugelig, mit etwa fünf Umgängen; oft mit undeutlichem braunen Spiralband.

Die **Weinbergschnecke** braucht zum Hausbau viel Kalk und kommt deshalb nur dort vor, wo Gesteine und Böden Kalk enthalten. Wenn weder Feind noch Feinschmecker sie aus ihrem Haus vertreiben, ist sie durchaus langlebig. In freier Natur kann sie acht Jahre alt werden, in Schneckengärten, wo die auf großem Fuß lebenden Weichtiere für Schlemmertafeln gezüchtet werden, sogar noch älter. Den Winter verbringt die Schnecke verdeckelt unter der Erde. Im Frühjahr folgt die Paarung (Foto oben). Dabei zeigen sich die langsamen Kriecher von ihrer temperamentvollen Seite. Auf dem Höhepunkt der stundenlangen Balz rammen sich die Partner gegenseitig einen spitzen Liebespfeil aus Kalk in den Körper. Wenig später kommt es zur Samenübertragung – nur in eine Richtung, obwohl Schnecken Zwitter sind.

Spitzschlammschnecke
Lymnaea stagnalis

- Schnecken
- Gehäuse bis 6 cm hoch
- ganzjährig

Merkmale
Gehäuse lang und spitz, mit sehr großer Mündung, dünnwandig, hornfarben; Körper dunkel; Kopf mit zwei dreieckigen Fühlern, an deren Basis die Augen liegen.

Mit dem Fuß nach oben an der Wasseroberfläche gleitend

Auch unter Wasser kriechen sie nach Schneckenart auf einem selbst produzierten Schleimband, selbst wenn sie scheinbar schwerelos unter dem Wasserspiegel hängend dahingleiten. Fühlen sie sich beunruhigt, atmen sie schnell aus und sinken wie ein Stein zu Boden.

Spitzschlammschnecken können aber auch wieder auftauchen. Dazu erweitern sie ihr Lungenvolumen, lösen die Kriechsohle vom Boden, und schon geht's aufwärts. Das „Nasenloch" liegt am unteren Rand des Gehäuses. Unter Wasser bleibt es verschlossen. In sauerstoffreichem Wasser kann die Schnecke lange unter Wasser bleiben – die Hautatmung macht's möglich. Oft leben die großen Wasserschnecken aber in kleinen, pflanzenreichen Teichen, in denen Sauerstoff knapp werden kann. Jetzt taucht die Schnecke öfter auf, um ihre Lunge mit Luft zu füllen. Viele Wasserschnecken sind „Weidegänger", die mit ihrer Raspelzunge Aufwuchs abfräsen und weiche Pflanzenteile fressen, manchmal auch Aas. Kleine Steinchen im Magen helfen beim Zerreiben der Nahrung.

Impressum

Bildnachweis

Mit 261 Farbfotos von Angermayer/Pfletschinger (S. 64 o., 67 u., 82 o., 83 M., 88 o., 95 o., 104 o., 114 u., 117 u., 119 M.), Angermayer/Reinhard (S. 12 u., 20 o., 72/73, 74 u., 78 o.), Angermayer/Schmidt (S. 59 u.), Bellmann (S. 85 beide, 90 u., 98 o., 107 o.), Danegger (S. 1, 11 o., 14, 15 u., 16 o., 17 o., 18 u., 22 M., 30 o., 35 u., 37 u.l., 37 u.r., 38 M., 39 o., 40 u., 41 M., 44 u.r., 46 o., 47 beide, 50 o., 54 o., 57 o., 58, 64 u., 70 o., 97 u.r., 102 o.), Diedrich (S. 18 M., 48 u., 56 o., 83 o.), Fürst (S. 13 o., 35 o., 49 u., 105 u.r., 107 u.r., 109 o.), Hecker (S. 19 u., 25 u., 31 o., 36 o., 46 u., 52 o., 60 M., 71 o., 84 u., 86 u., 87 u., 88 u., 89 u., 93 u., 94 u., 100 o., 105 o., 106 u., 119 o., 119 u., 121 u., 122 o.), Labhardt (S. 27 o., 30 M., 30 u., 32 u., 33 o., 39 u.r., 62/63, 68 o., 69 beide, 82 u., 91 u., 92, 110 u.r.), Layer (S. 10 u., 25 M., 25 o., 41 u., 77 o., 90 o., 95 u.), Limbrunner (S. 9 u., 11 u., 16 M., 21 o., 31 u., 36 M., 36 u., 42 u., 87 o., 101 o.), Marktanner (S. 112 o.), M. Pforr (S. 3 u., 10 o., 19 o., 27 u., 41 o., 42 o., 45 o., 51 o., 74 o., 79 u., 102 u., 102 M., 104 u., 108 u., 109 u.l., 110 u.l., 112 u., 113 o., 114 M., 118 o.), E. Pforr (S. 18 o., 80/81); Pott (S. 26 u., 28/29, 32 o., 38 o., 48 o., 57 M., 59 o., 68 u., 71 u., 77 M., 79 M., 120 o., 122 u.), Reinhard (S. 3 o., 5 u., 7 beide, 13 u.l., 17 u., 22 o., 23 o., 24 beide, 40 o., 43 beide, 46 M., 65 u., 73 u., 79 o., 99 u.l., 106 o., 111 o., 111 M.), Silvestris/Bühler (S. 81 u., 103 u., 107 u.l.), Silvestris/Fischer (S. 38 u.), Silvestris/FLPA (S. 12 o., 50 u.), Silvestris/Giel (S. 49 o., 105 u.l.), Silvestris/Gross (S. 75 u., 93 o., 96 u., 115 o.), Silvestris/Günter (S. 98 u., 101 u.), Silvestris/Hecker (S. 118 u.), Silvestris/Heitmann (S. 110 o.), Silvestris/Heppner (S. 108 o.), Silvestris/Hosking (S. 44 u.l.), Silvestris/Janes (S: 21 u., 84 o.), Silvestris/Kalden (S. 97 o.), Silvestris/Kehrer (S. 33 u.), Silvestris/ Lacz (S. 75 o.), Silvestris/Layer (S. 20 u.), Silvestris/ Lehmann (S. 5 o.), Silvestris/Martinez (S. 100 u., 100 M., 114 o.), Silvestris/Moosrainer (S. 109 u.r.), Silvestris/Nill (S. 13 u.r., 99 u.r.), Silvestris/Partsch (S. 51 o., 61 o.), Silvestris/Pelka (S. 63 u., 94 o.), Silvestris/Pieschel (S. 27 M.), Silvestris/Sauer (S. 96 o.), Silvestris/Sohns (S. 37 o., 54 u.r., 60 u., 61 u.l.), Silvestris/Usher (S. 61 u.r.), Silvestris/Volkmar (S. 8/9), Silvestris/ Willner (S. 115 u.), Silvestris/Wothe (S. 16 u., 23 u.), Schmid (S. 116 beide), Stephan (S. 45 u.), Synatzschke (S. 66 o.), Willner (S. 65 o., 67 o., 83 u., 91 o., 96 M., 98 M., 99 o., 113 u.), Wothe (S. 15 o., 22 u., 26 o., 32 u., 64 M., 86 o., 89 u., 97 u.l., 106 M., 117 o., 120 u., 121 o.), Zeininger (S. 15 M., 29 u., 34, 39 u.l., 44, 51 M., 52 o., 53 beide, 54 u.l., 55 beide, 56 u., 57 u., 60 o., 66 u., 70 u., 77 u., 76, 78 u., 103 o., 111u.)

Diese Tiere sind auf den großen Aufmachern zu sehen: Rothirsch (S.8/9), Maulwurf (S.9), Weißstorch (S. 28/29), Rotkehlchen (S. 29), Grasfrosch (S. 62/63), Zauneidechse (S. 63), Rotauge (S. 72/73), Hecht (S. 73), Tagpfauenauge (S. 80/81) und Gartenkreuzspinne (S. 83)

Umschlaggestaltung von Friedhelm Steinen-Broo, eStudio Calamar, unter Verwendung von vier Aufnahmen von M. Danegger (Rotfuchs), M. Pforr (Erdhummel) und P. Zeininger (Buntspecht, Schwalbenschwanz).

Die Deutsche Bibliothek – CIP-Einheitsaufnahme
Der Titelsatz für diese Publikation ist bei der Deutschen Bibliothek erhältlich.

Bücher · Kalender · Spiele · Experimentierkästen · CDs · Videos · Seminare
Natur · Garten & Zimmerpflanzen · Heimtiere · Pferde & Reiten · Astronomie · Angeln & Jagd · Eisenbahn & Nutzfahrzeuge · Kinder & Jugend

KOSMOS Postfach 10 60 11
D-70049 Stuttgart
TELEFON +49 (0)711-2191-0
FAX +49 (0)711-2191-422
WEB www.kosmos.de
E-MAIL info@kosmos.de

Gedruckt auf chlorfrei gebleichtem Papier

1. Auflage
© 2001, Franckh-Kosmos Verlags-GmbH & Co., Stuttgart
Alle Rechte vorbehalten
ISBN 3-440-08846-4
Lektorat: Bärbel Oftring
Grundlayout: Friedhelm Steinen-Broo, eStudio Calamar, Pau (Spanien)
Produktion: Markus Schärtlein, Lilo Pabel
Satz: Typomedia Satztechnik GmbH, Ostfildern
Reproduktion: Master Image, Singapur
Druck und Bindung: Těšínská Tiskárna, Český Těšín
Printed in Czech Republic / Imprimé en République tchèque

KOSMOS

Kosmos Kompakt

Natur ist unser Thema

Wolfgang Dreyer
Bäume
3-440-07838-8

Roland Gerstmeier
Schmetterlinge
3-440-07840-X

Wolfgang Hensel
Wildblumen
3-440-07839-6

Bruno P. Kremer
Heilpflanzen
3-440-07699-7

Karin Montag
Pilze
3-440-07835-3

Eckart Pott
Vögel
3-440-07700-4

Jeder Band mit
224 Seiten
ca. 460 Abbildungen
Infoscheibe
Klappenbroschur

www.kosmos.de